THE藤井定食

藤井恵

きょう一日、
これだけ食べていれば安心、
それが私の「定食」です。

焼き塩ざけ定食

献立

- 焼き塩ざけ
- 卵焼き
- めかぶ納豆
- 小松菜としめじの煮びたし
- 豆腐と絹さやのみそ汁
- ごはん

Page 2
Page 18
Page 22
Page 26
Page 30
Page 34
Page 38
Page 42
Page 46
Page 50
Page 54
Page 58
Page 62
Page 66
Page 70
Page 74
Page 78
Page 82
Page 86
Page 90

もくじ

*小さじ1＝5mℓ、大さじ1＝15mℓ、カップ1＝200mℓです。

*野菜を洗う、皮、へた、種、きのこの石づきを除くなどの下ごしらえは、特別な場合を除いて省略しています。

*塩少々は人さし指と親指つまんだくらい、約0.5gです。

*電子レンジの加熱時間は600Wを基本にしています。500Wの場合は加熱時間を1.2倍にしてください。

藤井定食とは

はじめに

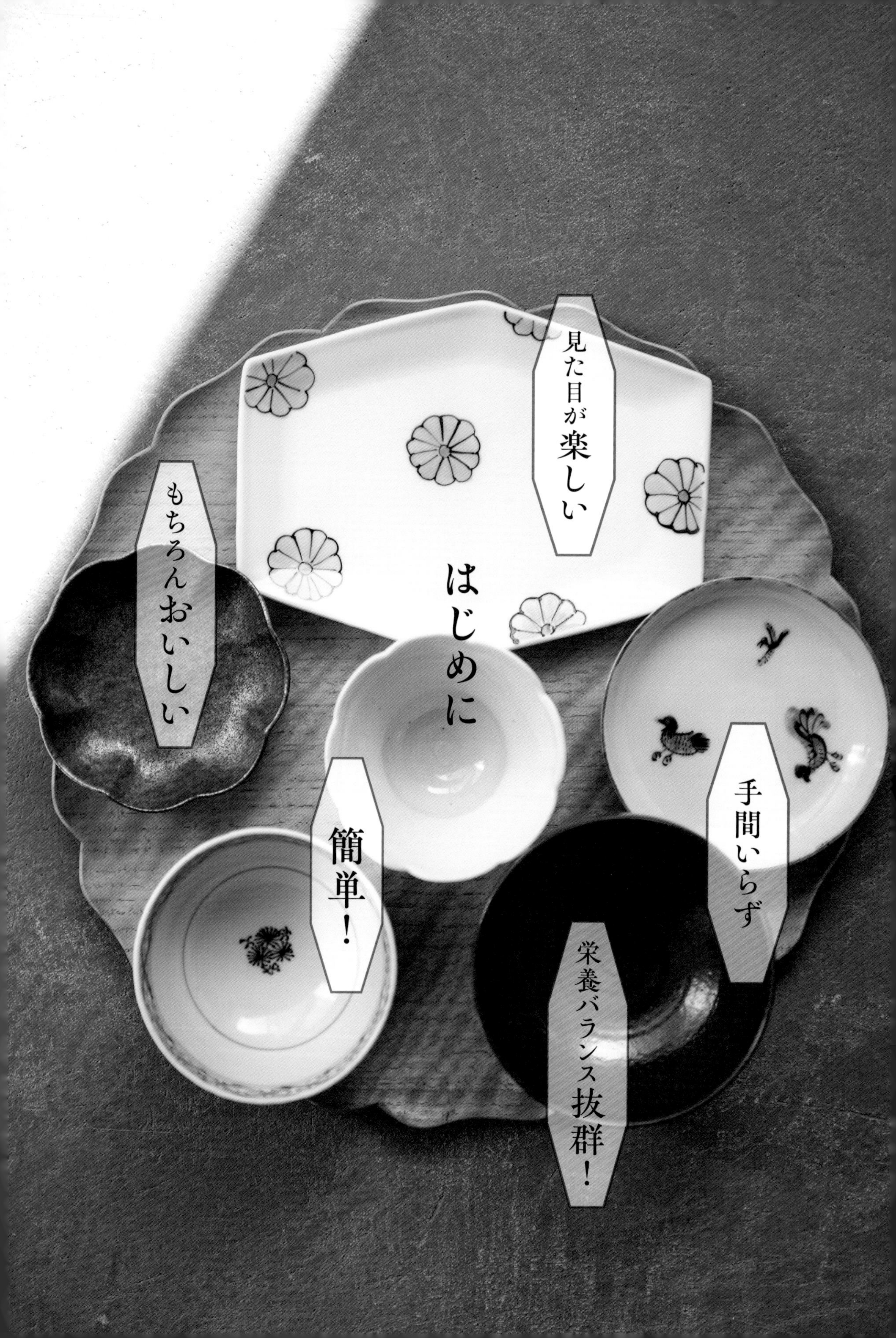
見た目が楽しい
手間いらず
栄養バランス抜群！
簡単！
もちろんおいしい

作っていて、とても楽しいのです。

昔からお盆の上に小皿や小鉢がきれいに並び、
いろいろなお料理が少しずつ美しく盛りつけられている姿に
とても心ときめき、幸せな気持ちになりました。
私自身が家でそのような支度ができたかといえば、
当時は日々の仕事や家事をこなすのに精いっぱいで、
それは家の外でいただく、特別なときの〝ごほうび〟のお料理でした。
子育ても一段落してインスタグラムを始め、たくさんの方々と
楽しみを共有するようになってから、そのあこがれが身近なものになりました。
お気に入りのお盆に、少しずつ集めてきた大好きな色や形の食器たちを並べ、
お料理を盛りつけ、写真を撮る――
それがいつの間にか、私の中での楽しい趣味となったのです。
ただ、お料理を作るのに時間を費やしすぎると、負担になります。
そこで、簡単な下ごしらえストックやたれなどを作りおくことにしました。
一見、時間と手間のかかりそうな藤井定食ですが、こうすれば
手早く、手軽に、栄養バランスも取れる献立ができ上がります。
私にとって、インスタグラムに綴ってきた思いをのせた、特別な一冊。
どうぞ皆さまの食の暮らしが豊かになりますように、願いを込めて。

藤井　恵

焼き塩ざけ定食レシピ

写真↓P2〜3

手順　ごはんを炊く▼副菜を作る▼みそ汁を作る▼(冷凍ごはんの場合↓電子レンジで温める)▼魚を焼く

焼き塩ざけ

材料と作り方(2人分)

甘塩ざけ…2切れ
酒…小さじ1
かぶのぬか漬け…適量
　→ぬかを洗い流し、水けをふいて食べやすく切る

1　甘塩ざけに酒をまぶし、熱した魚焼きグリルに入れ、途中で返して5〜6分(または230℃のオーブンで同じ時間)焼く。

2　器に盛り、ぬか漬けを盛り合わせる。

卵焼き

材料と作り方(2人分)

卵…2個
A だし汁(または水)…大さじ2
　砂糖…大さじ1
　しょうゆ…小さじ⅔
油…小さじ¼×3
大根おろし…大さじ2

1　ボウルにAを混ぜ合わせ、卵を割り入れて溶きほぐす。

2　卵焼き器を中火で熱し、油小さじ¼を入れて全体にまわし、1の⅓量を流し入れる。手前に巻いて向こう側に寄せる。これをさらに2回繰り返して卵焼きを作り、切り分ける。

3　器に盛り、大根おろしを添える。

*私のお米の洗い方は丁寧です。〝3歳児の力加減で〟やさしく、手の中で転がしながら洗います。こうするとお米がみるみるうちに吸水し、炊き上がりの米粒がプリッと立ってふっくら。残ったごはんはラップの上にしゃもじですくってざっくりとくずし、再加熱のときに蒸気がまわるように、ゆるめに包みます。

めかぶ納豆

材料と作り方（2人分）

納豆 … 1パック（40g）
　→付属のたれ（またはしょうゆ）
　　適量を混ぜる
めかぶ … 1パック（40g）

1　器に納豆とめかぶを盛る。

＊納豆は、発酵食品を少し摂りたいだけなので、1人分½パック程度で充分。同じメーカーに固執せずに取り入れると、違った納豆菌を摂取でき、腸内環境がさらによくなることが期待できます。

小松菜としめじの煮びたし

下ごしらえストック
・蒸しゆで小松菜
↓P100

材料と作り方（2人分）

蒸しゆで小松菜 … 150g
しめじ … 小1パック（100g）
　→小房に分ける
A　だし汁 … カップ1
　　塩 … 小さじ⅓
　　しょうゆ … 小さじ1
炒り金ごま … 大さじ1

1　鍋にAとしめじを入れて中火で煮立て、2〜3分煮る。小松菜と炒り金ごまを加えてさっと煮る。

＊蒸しゆで小松菜は生の小松菜200gを4cm長さに切って使ってもよく、その場合はAとしめじが煮立ったら加え、2〜3分煮ます。しめじをゆできのこで作る場合は、Aが煮立ったら、ゆで小松菜と一緒に加えます。

豆腐と絹さやのみそ汁

材料と作り方（2人分）

絹ごし豆腐 … 150g
　→1〜1.5cm角に切る
絹さや … 20枚
　→へたと筋を取る
だし汁 … カップ1½
みそ … 小さじ2

1　鍋にだし汁を入れて中火で煮立て、豆腐、絹さやを加えて1〜2分煮る。火を弱めて、みそを溶き入れ、煮立つ直前に火を止める。

みそはお玉の中でだし汁と
溶かし合わせながら加え、
香りがふわっと
立ちのぼったところで
火を止めるとおいしいです。

ごはん

材料と作り方（4人分）

米 … 2合（360mℓ）

1　米はざるに入れてざっと洗う。そこへ浄水（または流水）を流しながら、両手で米をすくい、手の中で米粒をコロコロと転がすように洗う。
2　炊飯器に入れて水を2合の目盛りまで入れ、30分浸水させて、早炊きモードで炊く。
3　器に適量を盛る。

これが藤井定食です。

見た目が楽しい

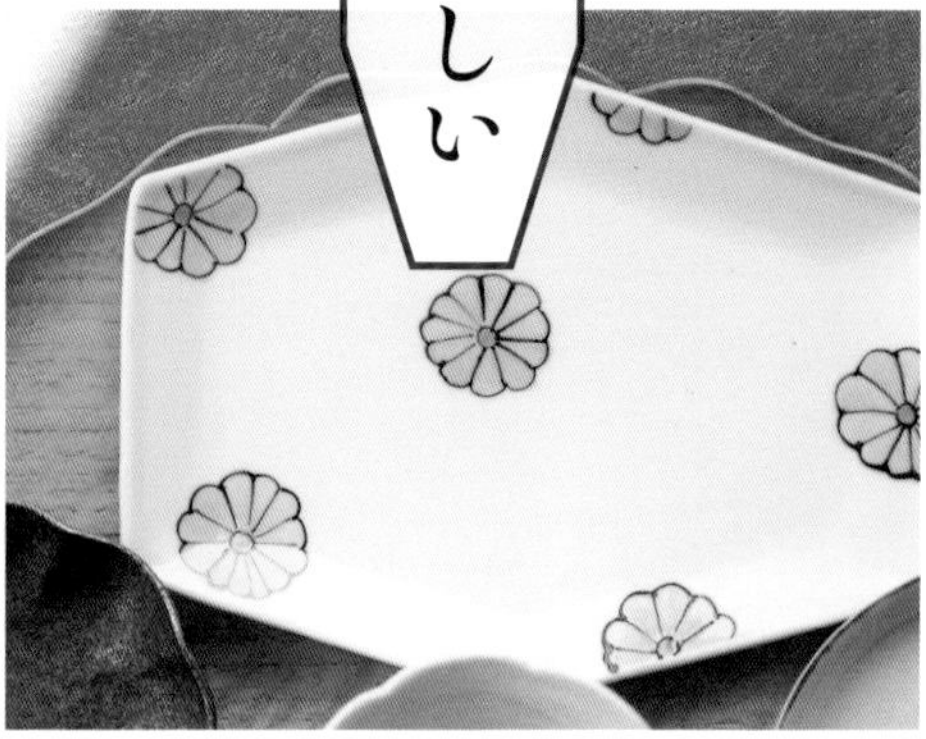

特徴は、一目瞭然、
トレイの中に小皿おかずがいくつも並んでいるところです。
でもよく見ると、ごはんとみそ汁、シンプルなメイン、
小皿の中は見慣れたおかず。なかには納豆や切っただけのトマトもあります。
それでもウキウキする、ワクワクする!
食べる前に〝記念〟写真を撮りたくなる!
作っているときも、食べているときも、「楽しい!」。
それは、藤井定食、最大の魅力です。

手間いらず

藤井定食を作るときの大きな助けになるのが、
下ごしらえストックです。
野菜に塩をパラパラとふってしんなりさせておく、
野菜はフライパンに水を少し加えて蒸しゆでにする、たれを用意しておくなど、
調理の下ごしらえまでを済ませて保存します。
作りおきとは違い、完成させないので、時間もかかりません。
このやり方は本当に手間を省いてくれるので、調理が面倒でなくなります。
ちなみに巻頭で紹介した「焼き塩ざけ定食」(P2〜3)は15〜20分で作れます。

栄養バランス抜群！

簡単！

もちろんおいしい

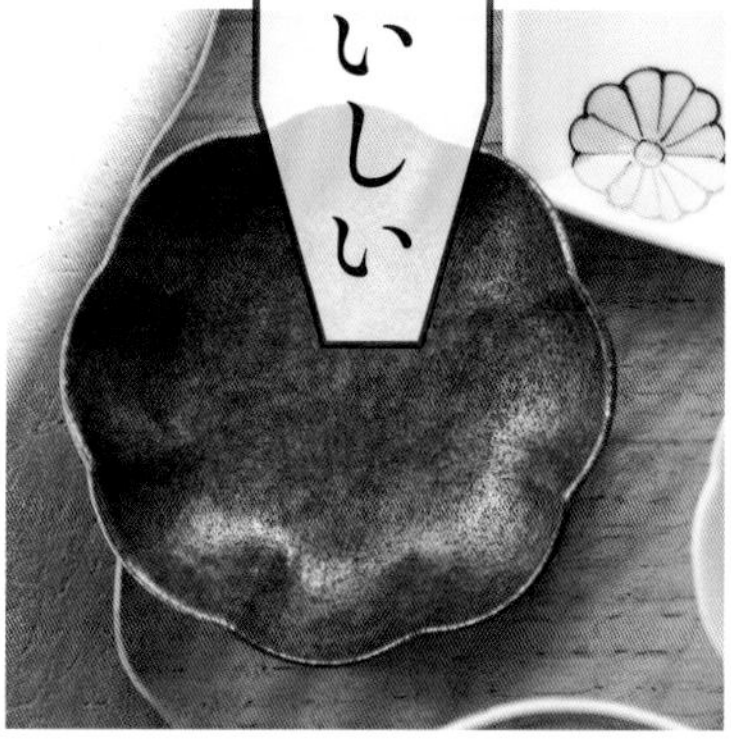

朝昼晩ともに、栄養豊富な食事を摂るに
越したことはありませんが、
忙しい毎日、それを続けるのは大変です。
そこで、
**「1日1食でいいから、栄養バランスがよい
食事をきちんと摂ればいい」**
というのが、藤井定食の根底にある考え方です。

成人が1日に必要なたんぱく質量は50〜65g。藤井定食には、たんぱく質が20〜30gほど含まれています。ほぼ卵2個+納豆1パックに値する量です。

さらに必ず入っている食品が、発酵食品、海藻、きのこ、緑黄色野菜。これら4つがそろうと腸内環境が整い、栄養の吸収力がアップします。

また、腸内環境をさらによくするために、低塩、低糖、低脂質を意識した献立であることも、藤井定食の特徴です。例えば、サラダは油を使わず、バルサミコ酢をかけるだけでいただきます。それでも充分においしいです。

一方、にんにくやしょうがといった香味野菜はたっぷりと。体温を上げて免疫力を強化するためです。

品数こそ多いのですが、
メインを兼ねた具だくさんスープや汁を除き、
**1品に使う食材は1〜3種類と少なめ。
だから調理に時間がかかりません。**
調理法はいたってシンプル。そのうえ、盛りつけるだけの納豆、
具は違っても同じ作り方の卵焼きやナムルなど、
何度も登場するおかずがあるので、料理ビギナーでも容易に取り組めます。

**バラエティー豊かな食材、多彩な味つけ。

目が鼻が「おいしそう…」**

と言っています。

そんなときは、間違いなくおいしい！です。

器

「小鉢もお茶碗も小さめ。赤いお椀が役立ちます。」

小鉢は湯飲みくらいの大きさです。お茶碗も小ぶりです。
ごはんは大きなお茶碗にちょこっとあるよりも、
小さいお茶碗にたっぷりあるほうが、見た目が満足します。
お椀は赤いものがあると重宝します。
色合いがちょっと寂しいかな?と思ったときに、
赤いお椀があるだけで華やぎます。

「器のコーディネートは自由でいい。」

器同士の色をリンクさせて
すっきり見せたりすることはありますが、
基本的に器のコーディネートは、形や色をそろえすぎず、
むしろ自由でいいと思っています。
あくまでも家庭でいただくごはんなので、
どこかゆるい感じのところがあって
よいのではないでしょうか。

「豆皿をうまく使います。」

トレイにきちんと収まるように、
豆皿と呼ばれる直径9cmほどの小皿を組み合わせて使います。
大きくてもせいぜい12cmほどです。
豆皿は一般にしょうゆ、薬味や漬けもの用として使われますが、
思っている以上にたっぷりと盛れるので、
藤井定食では大活躍です。
納豆は5cm角ほどの皿に盛ることが多いです。
箸置きにもなるほど小さく、薬味やたれ用にも便利です。

「買うときはうちにないものを選びます。」

器屋さんで好きな器を手に取ったら、
うちにない色や形のものを選びます。
そのほうが手持ちの器のトーンがそろわないようになり、
逆に面白いコーディネートができます。
旅行先では必ず器の店やアンティークショップへ行きます。
アンティークといっても雑器の類いです。
器は2つずつ買います。小さいので値段もリーズナブルです。

トレイ

「お盆や平らな皿を使っています。」

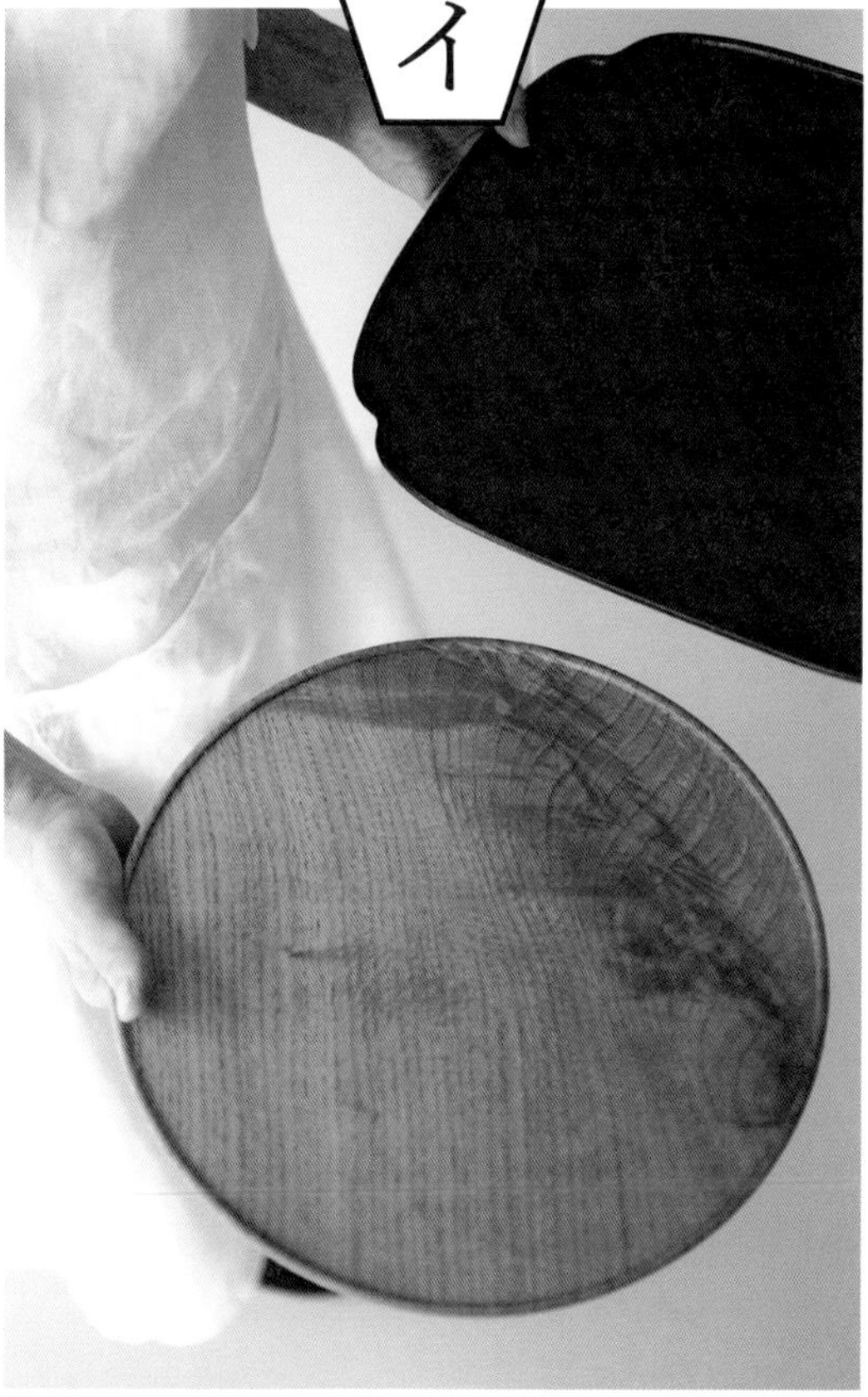

「木製のトレイはぬくもりが伝わります。」

懐石料理で、食事は折敷《おしき》にのせて供されます。
折敷は1人分の食事をのせるトレイです。
お盆と似ていますが、お盆は運ぶためのもの、
折敷は食事のときに食器をのせるものです。
私が折敷として愛用しているトレイは、厳密には折敷ではなく、
お盆や平らなお皿です。
懐石の折敷にすると改まりすぎて、
ちょっと違和感がありました。

形は円形、四角形、楕円など、
さまざまなお盆をトレイとして使っています。
縁に少し立ち上がりがあるほうが、
器の収まりがよいようです。材質は木製。
手に持ったときの感触が
プラスチック製とはぜんぜん違います。
ぬくもりがあるというのでしょうか、やさしいのです。
木目の模様がひとつひとつ違うのも趣があります。
漆塗りのものも、温かさが感じられて好きです。
大きさは丸型なら直径30㎝ほど、四角なら30㎝四方ほどです。
ランチョンマットでも代用ができます。
その場合は、黒とか、茶とか、濃い色のほうが
全体が引き締まります。

盛りつけ

「先にどのくらい盛りたいかを考えます。」

盛りつける量は器の大きさに合わせがちですが、
どのくらい盛りたいか、ということが大切です。
例えば、汁ものがあるとき、
塩分量が多い煮ものなどは控えめに盛るなど、
前もって見極める必要があります。
そのうえで器を選び、盛りつけます。

「ワンプレートは味が混ざらないように。」

ワンプレートの盛りつけは、
味、色が一体化しないように
孤立させて置く、に尽きます。
汁けがあるものは、小さい皿にのせましょう。

「小さい器にこんもり、が私の基本。」

「盛りつけは器の余白を大切にする」と、いわれます。
しかし、藤井定食は豆皿など小さい器に盛りつけるので、
どちらかというと、皿全体にたっぷり、こんもりと盛ります。
一気に盛ろうとしても、うまくいきません。
それを行うにはちょっとしたコツが必要です。
まず、盛りつけたい料理を箸でひと口分ほど横からすくい、
こんどは箸を縦向きにして皿に盛ります。
これを3〜4回に分けて重ねていくのです。
分けて盛りつけることによって空間ができ、
全体に膨らみができます。

「家のごはんだからこそ、決まりにこだわらずに。」

特に和食では、魚料理の添えものは
右手前に置くなどの決まり事がありますが、
家でやることだからこそ決まりにこだわらず、
メインは食べやすいように手前、
添えものは奥でもよく、そこは自由でよいと思っています。
ただし、肉や魚は厚みのあるほうを左に置く、
といった基本中の基本は守りたいです。

さぁ、作ってみましょう

鶏のから揚げ定食

鶏のから揚げは数えきれないほど揚げてきましたが、新しい発見があるのが面白い。最近は肉の下味に酢を加えると、薄味でもおいしいことを知りました。副菜と汁で、ひじき、きのこ、緑黄色野菜をたっぷりと。揚げものを食べる罪悪感が吹きとびます。

献立

・鶏のから揚げ
たくさんの葉野菜添え
・ひじきの煮もの
・にんじんとほうれん草の
おひたし
・冷やしトマト　・納豆
・きのこのみそ汁
・ごはん

器

鶏からを盛ったひし形皿は緑が立ち上がっていて、意外にたっぷりと入ります。重くならないように、ガラスの器を組み合わせて。

鶏のから揚げ定食レシピ

鶏のから揚げ たくさんの葉野菜添え

下ごしらえストック
・サラダ用葉野菜
→ P110

材料と作り方（2人分）

鶏もも肉 … 1枚
→余分な脂肪を取り、厚みに数か所切り込みを入れて、ひと口大に切る

A しょうゆ、酒 … 各小さじ2
｜ 酢、おろししょうが … 各小さじ1

片栗粉、揚げ油 … 各適量

サラダ用葉野菜 … 150g

レモン（くし形切り）… ⅙個　→縦半分に切る

1 鶏肉にAをもみ込み、15分おく。

2 1の表面の汁けを取って片栗粉をまぶし、にぎって密着させる。

3 180℃の揚げ油に入れ、まわりが固まったら、ときどき返すようにして4～5分カリッと揚げる。サラダ用葉野菜とレモンを添え、器に盛る。

1

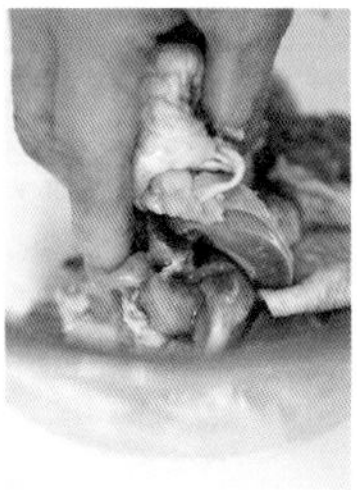

2

3

調味料は汁けが
なくなるまでもみ込む。
揚げ固まるまでは
触らない。
私のから揚げの鉄則。

ひじきの煮もの

下ごしらえストック
・もどしひじき
→ P109

材料と作り方（2人分）

もどしひじき … 80g

油揚げ … ½枚
→油抜きをし、縦半分にして細切り

だし汁 … カップ½

塩麹（市販品）… 小さじ1

1 鍋に材料すべてを入れて中火で煮立て、ときどき混ぜながら汁けがほとんどなくなるまで煮る。

にんじんとほうれん草のおひたし

下ごしらえストック
・塩にんじん→P99
・ほうれん草のだしびたし→P105

材料と作り方（2人分）

塩にんじん … 50g
→水けを絞る
ほうれん草のだしびたし
… 150g
上記のひたし汁 … 大さじ3
炒り金ごま … 小さじ2

1 ボウルに材料すべてを入れてあえる。

冷やしトマト

材料と作り方（2人分）

トマト（冷えたもの） … 小1個
→食べやすく切る
バルサミコ酢 … 少々

1 トマトを器に盛り、バルサミコ酢をかける。

きのこのみそ汁

下ごしらえストック
・ゆできのこ→P102

材料と作り方（2人分）

ゆできのこ … 150g
だし汁 … カップ1½
みそ … 小さじ2
七味唐辛子 … 少々

1 鍋にだし汁ときのこを入れて中火で煮立て、火を弱めて、みそを溶き入れる。煮立つ直前に火を止める。

2 お椀によそい、七味唐辛子をふる。

納豆

材料と作り方（2人分）

納豆 … 1パック（40g）
→付属のたれ（またはしょうゆ）適量を混ぜる

1 器に盛る。

鶏スペアリブの さっぱり煮定食

酢で煮ると、骨から肉がスルッと離れるほど
肉がやわらかくなります。
大豆でカルシウムの摂取効率を高め、
ピーマン類でビタミン、きのことわかめで食物繊維をたっぷりと。
「元気でがんばれ、私のからだ」。そんなつぶやきを込めた定食です。

献立

- 鶏スペアリブのさっぱり煮
- きのこと大豆のおひたし
- パプリカとピーマンの
  チャンプルー
- ぬか漬け
- わかめのみそ汁
- ごはん

器

主菜は染め付けの器に。
茶色っぽくシンプルな料理は、
こうした大柄の模様の器を
合わせると引き立ちます。
ぬか漬けの器もブルーで
そろえ、全体に統一感を。

鶏スペアリブのさっぱり煮定食レシピ

鶏スペアリブのさっぱり煮

材料と作り方（2人分）

鶏スペアリブ…20本
A　→混ぜ合わせる
　おろしにんにく… 小さじ½
　酢… 大さじ2
　しょうゆ… 大さじ1
　砂糖… 大さじ½
　水… カップ¼
卵…2個→室温にもどす
油… 小さじ1

1　卵は小さい鍋（直径15cmほど）に入れ、かぶるほどの水を加えてふたをする。吹きこぼれない火加減にして10分ゆで、冷水にとって殻をむく。

2　フライパンに油を中火で熱し、鶏スペアリブを入れて全体に焼き色をつける。Aを加え、ふたをして煮立ったら、10分煮る。

3　1を加え、煮汁がほとんどなくなるまで煮る。

きのこと大豆のおひたし

下ごしらえストック
・ゆできのこ、
・ゆで大豆
↓
P102

材料と作り方（2人分）

ゆできのこ、ゆで大豆
　… 各100g
炒り金ごま… 小さじ2

1　ボウルに材料すべてを入れてあえる。

きのこも大豆も薄い塩味つき。味つけは不要です。風味のアクセントに金ごまをふって。

＊ごまのなかでも香りとコクが抜きん出て高いのが金ごま。なかったら、炒り白ごまを使ってください。

パプリカとピーマンのチャンプルー

材料と作り方（2人分）

パプリカ … 1個
　→縦半分にしてへたと種を取り、横薄切り
ピーマン … 3個
　→縦半分にしてへたと種を取り、横薄切り
ごま油 … 小さじ1
塩（好みで）… 少々
削り節 … 2パック（4g）

1　フライパンにごま油を中火で熱し、パプリカ、ピーマンを炒める。しんなりしたら、塩、削り節を加えて手早くからめる。

ぬか漬け

材料と作り方（2人分）

きゅうり、にんじんの
　ぬか漬け … 各適量
　→ぬかを洗い流し、水けをふいて食べやすく切る

1　器に盛り合わせる。

わかめのみそ汁

下ごしらえストック
・もどしわかめ
↓
P109

材料と作り方（2人分）

もどしわかめ … 60g
だし汁 … カップ1½
みそ … 小さじ2
小ねぎ … 2本
　→3cm長さに切る

1　鍋にだし汁を入れて中火で煮立て、わかめを加える。火を弱めてみそを溶き入れ、煮立つ直前に火を止めて、小ねぎを散らす。

＊ぬか漬けから出る水分を吸収し、冷蔵庫にコンパクトに収まる容器がないか、長いこと探して、ようやく見つけた天然杉のぬか箱で漬けています。

ぬか漬けは
健康的に野菜を摂る
昔ながらの知恵。でも、
ぬか床作りは失敗も多く、
私もなんど
自己嫌悪に陥ったことか…。
無理をせず、市販品や
既製のぬか床を取り入れても。

豚焼き肉定食

豚肉はさっと焼いてヤンニョムだれを。
野菜ときのこを合わせてナムルに。
豆腐チゲはあさりと煮干しのうまみを
そのまま青唐辛子の爽やかさで味わう。
20年来研究してきた
韓国料理の成果をささやかにお披露目します。

献立

・豚焼き肉
　薬味野菜添え
・ミックス野菜のナムル
・白い豆腐チゲ
・白菜キムチ
・雑穀ごはん

器

チゲは韓国の土鍋、
トゥッペギに盛りましたが、
ほかは和食器。
白磁と韓国風ニュアンスの
染め付けを合わせて
シンプルに。

豚焼き肉定食レシピ

豚焼き肉 薬味野菜添え

下ごしらえストック
・ヤンニョムだれ→P106
・薬味野菜ミックス→P110

材料と作り方（2人分）

豚肩ロース薄切り肉…200g
ヤンニョムだれ…大さじ2
薬味野菜ミックス…150g

1 フライパンを中火で熱し、油をひかずに、豚肉を1枚ずつ広げて入れ、両面に焼き色がつくように焼きつける。

2 器に盛り、薬味野菜ミックスを添えて、肉にヤンニョムだれをかける。

豚肉から出る脂で焼けるので、油は必要ありません。さっぱりとして、しかも香ばしい。

ミックス野菜のナムル

下ごしらえストック
・塩にんじん→P99
・蒸しゆで小松菜→P100
・ゆできのこ→P102
・もどしわかめ→P109

材料と作り方（2人分）

塩にんじん…50g
　→水けを絞る
蒸しゆで小松菜…100g
ゆできのこ…100g
もどしわかめ…50g
A おろしにんにく…小さじ½
　すり白ごま…小さじ1
　ごま油…小さじ2

1 ボウルにAを入れ、手でよくすり混ぜ、残りの材料すべてを加えてあえる。

ナムルのたれは手でよく混ぜて攪拌し、にんにくの辛みを抑えるのがコツです。

白い豆腐チゲ

材料と作り方（2人分）

絹ごし豆腐…⅔丁（200g）
あさり水煮缶…1缶（180g）
煮干しのだし汁（または水）
…カップ1½
おろしにんにく…小さじ1
青唐辛子…1本
→斜め薄切り
塩…少々

1 鍋にあさり水煮を缶汁ごと入れ、だし汁、おろしにんにく、青唐辛子を加えて中火で煮立てる。豆腐をスプーンですくって加え、再び煮立ったら塩で味を調える。

汁がからむように、豆腐はすくい入れて。

白菜キムチ（市販品）

キムチはなるべく赤いものを選んで買います。

雑穀ごはん

材料と作り方（作りやすい分量）

米…240mℓ
→丁寧にといでざるにあげる（→P11）
雑穀…120mℓ
→洗う（あわ入りは茶こしに入れる）

1 炊飯器に米と雑穀を入れ、2合の目盛りまで水を加えて、さらに水大さじ2〜3を加える。30分浸水させて、普通に炊く。
2 器に適量を盛る。

豚肉巻き定食

アスパラも、えのきも、生のまま肉で巻き、
焼いて、塩、こしょうをふります。
手間いらずでおいしい食べ方です。
厚揚げは中身を白あえ、皮をみそ汁に。
豆腐の水きりの手間が省けるだけでなく、
濃厚な味わいを楽しめます。

献立

- 豚肉巻き
- ブロッコリーの酢みそがけ
- にんじんの白あえ
- 納豆
- 里いものみそ汁
- ごはん

器

家庭的な献立なので、
白とベージュの色調でやさしく、
心安まる感じに。
白く厚みのある粉引(こひき)や
木の器を加えると
温かみが出ます。

豚肉巻き定食レシピ

豚肉巻き

材料と作り方（2人分）

豚ロース薄切り肉… 12枚
　→おろししょうが小さじ1、酒小さじ2をからめる
アスパラガス… 4本
　→ピーラーで下6～7㎝の皮をむく
えのきだけ… 1袋
　→4等分に分ける
小麦粉… 適量
油… 小さじ1
塩… 小さじ⅓
こしょう… 少々

1　豚肉は広げ、小麦粉を薄くふる。
2　アスパラガス1本の途中まで肉1枚をらせん状に巻きつけ、続けてもう1枚を残りの部分に巻く。えのきだけ¼量は肉1枚を同様に巻く。これを材料がなくなるまで行う。
3　フライパンに油を熱し、2の巻き終わりを下にして入れ、中火で全体をこんがりと焼く。塩、こしょうをからめ、食べやすく切る。

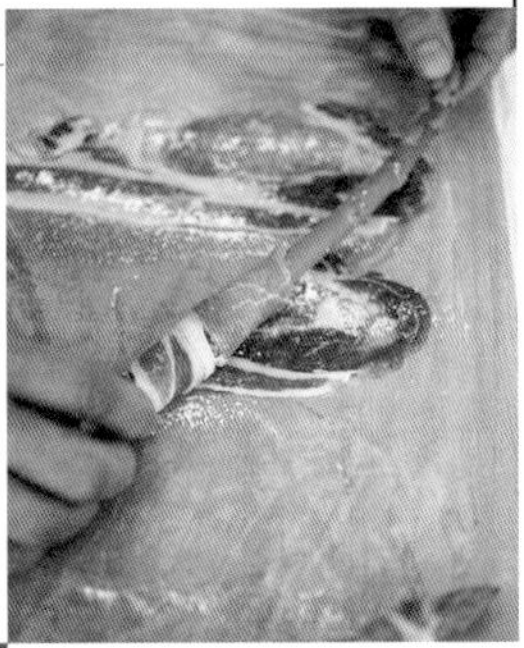

肉に対してアスパラガスを斜めに置いて巻きます。巻き終わりから先に焼くと、はがれにくい。

ほかに小ねぎ、下ごしらえストックの塩にんじんや塩キャベツ（→P99）などで作るのもおすすめ。

ブロッコリーの酢みそがけ

下ごしらえストック
・蒸しゆでブロッコリー→P101
・酢みそだれ→P106

材料と作り方（2人分）

蒸しゆでブロッコリー… 150g
酢みそだれ… 大さじ1

1　器にブロッコリーを盛り、酢みそだれをかける。

にんじんの白あえ

下ごしらえストック
・塩にんじん→P99
・もどしひじき→P109

材料と作り方（2人分）

厚揚げ … 1枚
もどしひじき … 10g
塩にんじん … 80g
→耐熱皿にもどしひじきと一緒に入れ、ラップをかけて電子レンジ（600W）で1分30秒加熱して、水けを絞る

A 練り白ごま … 大さじ1
砂糖 … 小さじ1
塩、しょうゆ … 各小さじ⅕

1 鍋に湯を沸かし、厚揚げを入れて3〜4分ゆでて油抜きをする。水けをしっかりふき、皮を切り取る。（皮はみそ汁用に使う）。

2 すり鉢に1の中身を入れてなめらかになるまですりつぶし、Aを順に加えてさらにすりつぶす。にんじん、ひじきを加えてあえる。

納豆

材料と作り方（2人分）

納豆 … 1パック（40g）
→付属のたれ（またはしょうゆ）適量を混ぜる

1 器に盛る。

里いものみそ汁

下ごしらえストック
・レンジ蒸し里いも→P103

材料と作り方（2人分）

厚揚げの皮 … 1枚分
→3cm長さの細切り
レンジ蒸し里いも … 150g
→食べやすく切る
だし汁 … カップ1½
みそ … 小さじ2
小ねぎ … 適量　→小口切り

1 鍋にだし汁、厚揚げの皮、里いもを入れて中火で煮立て、火を弱めて2〜3分煮る。みそを溶き入れ、煮立つ直前に火を止める。

2 お椀によそって、小ねぎをのせる。

厚揚げの中身を使えば、濃厚な白あえに。皮は油揚げ同様、汁の実に。

牛すき煮定食

甘辛味の牛すき煮。
ごはんに合います。すぐ作れます。
ほかもさっとできるものばかり。
時間がないときに
おすすめの定食です。

献立

・牛すき煮
・キャベツと大豆の
　ごま酢あえ
・かぶの塩麹あえ
・わかめの梅だれかけ
・チンゲン菜と油揚げの
　みそ汁
・ごはん

器

主菜は「なます皿」と呼ばれる直径15㎝の少し深さがある器に。煮もの、シチュー、サラダなど、使い勝手がよい器です。丸皿が並ぶ中に形が異質の木瓜(もっこう)皿を1枚入れると、変化が出て楽しい。

牛すき煮定食レシピ

牛すき煮

材料と作り方（2人分）

牛もも薄切り肉 … 200g
　→5〜6cm長さに切る
まいたけ … 1パック
　→小房に分ける
にんじん … ⅓本
　→4cm長さの短冊切り
だし汁（または水） … カップ½
A　酒、砂糖、みりん … 各大さじ1
　しょうゆ … 大さじ1½

1　フライパンを中火で熱し、油をひかずに、まいたけを焼き色がつくまで焼きつける。

2　だし汁、牛肉、にんじんを加えてほぐし、煮立ったらアクを除く。Aで調味し、5〜6分煮る。

2-1

2-2

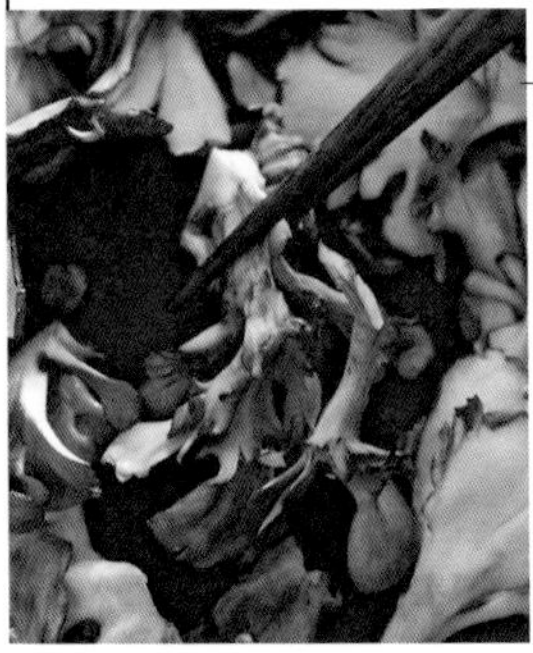

簡単な煮ものですが、
まいたけの
香りを立てることが
私のこだわり。
風味がグンとよくなります。

キャベツと大豆のごま酢あえ

下ごしらえストック
・蒸しゆでキャベツ
→P101
・ゆで大豆
→P102

材料と作り方（2人分）

蒸しゆでキャベツ … 100g
ゆで大豆 … 100g
A　すり白ごま … 大さじ2
　砂糖 … 大さじ½
　酢 … 大さじ1
　しょうゆ … 小さじ½

1　ボウルにAを入れて混ぜ、キャベツ、大豆を加えてあえる。

かぶの塩麹あえ

材料と作り方（2人分）

かぶ … 2個
→縦半分にして
縦3～4㎜厚さに切る
かぶの茎 … 5本
→小口切り
塩麹（市販品） … 小さじ1

1　ボウルに材料すべてを入れてあえる。

わかめの梅だれかけ

下ごしらえストック
・もどしわかめ→P109
・梅だれ→P107

材料と作り方（2人分）

もどしわかめ … 50g
梅だれ … 小さじ1
ごま油 … 小さじ½

1　器にわかめを盛り、梅だれとごま油をかける。

チンゲン菜と油揚げのみそ汁

材料と作り方（2人分）

チンゲン菜 … 1株
→3㎝長さに切る
油揚げ … ½枚
→熱湯をかけて油抜きをし、
縦半分にして横1㎝幅に切る
だし汁 … カップ1½
みそ … 小さじ2

1　鍋にだし汁、油揚げ、チンゲン菜を入れて中火で煮立て、2～3分煮る。火を弱めてみそを溶き入れ、煮立つ直前に火を止める。

藤井定食のここだけナイショ話

40代後半、体の不調に悩んだ末に私が行ったのが、食事改革。そのひとつが大豆の積極的な摂取です。大豆に含まれるイソフラボンは、更年期に減少するエストロゲンという女性ホルモンに似た働きをします。それでゆで大豆を常備するようになりました。手軽に作れるし、いろいろにアレンジできるから便利ですよ。

鶏つくね照り焼き定食

つくねはこんがりと香ばしく、
しっかりめの食感を甘辛味で。
なすはレンジ加熱でしっとりと蒸し、
にんにくとしょうがが香る
酢じょうゆだれで。
味わいの対比もまた、定食の楽しさです。

献立

- 鶏つくね照り焼き
- ブロッコリーのごまあえ
- なすの香味だれかけ
- 納豆
- きのこと海藻のみそ汁
- ごはん

器

朱赤のお盆にのせたら
華やかになりました。
器は白磁と染め付け、漆器。
形違いを組み合わせると、
動きが出て
料理が引き立ちます。

鶏つくね照り焼き定食レシピ

鶏つくね照り焼き

材料と作り方（2人分）

鶏ひき肉…200g
A おろししょうが…大さじ½
　酒…小さじ1
　塩…少々
　溶き卵…小1個分
　片栗粉…大さじ1½
油…小さじ1
B しょうゆ、酒…各大さじ1
　砂糖、みりん…各大さじ½

1　ボウルにひき肉とAを順に入れ、そのつどしっかり練り混ぜて、6等分の楕円形にまとめる。
2　フライパンに油を中火で熱し、1を片面3〜4分ずつ焼く。
3　フライパンの余分な油をふき取り、Bを加えて照りよくからめる。

1

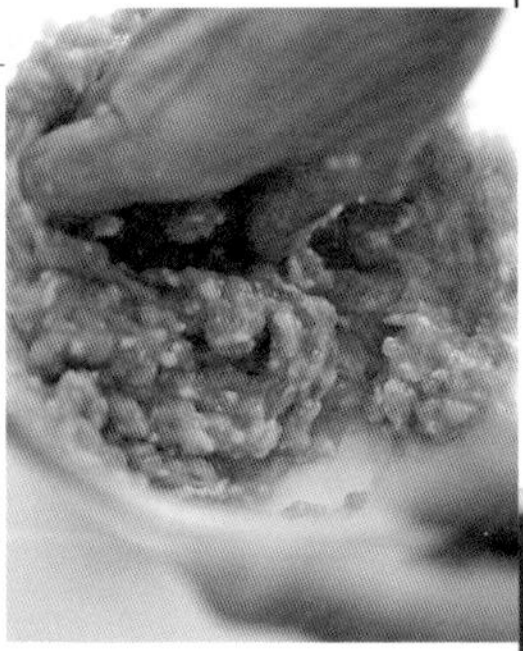

生地は勢いよく、混ぜて。

3

余分な油をふいて、たれをからみやすく。

ブロッコリーのごまあえ

下ごしらえストック
・蒸しゆでブロッコリー→P101
・塩にんじん→P99

材料と作り方（2人分）

蒸しゆでブロッコリー…150g
A しょうゆ…小さじ½
　すり白ごま…大さじ2
　水…大さじ1
塩にんじん…40g
　→水けを絞る

1　ボウルにAを入れて混ぜ、ブロッコリー、にんじんを加えてあえる。

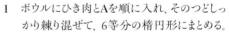

なすの香味だれかけ

下ごしらえストック
・香味だれ→P107

材料と作り方（2人分）

なす … 3本
　→へたを除き、切り口から箸を刺して穴をあける
油 … 小さじ1
香味だれ … 大さじ1

1　なすに油をからめ、1本ずつラップで包む。耐熱皿に入れ、電子レンジ（600W）で4分加熱する。
2　ラップごと流水に当て、冷えたらラップをはずして水けをふく。
3　食べやすく裂き、器に盛って、香味だれをかける。

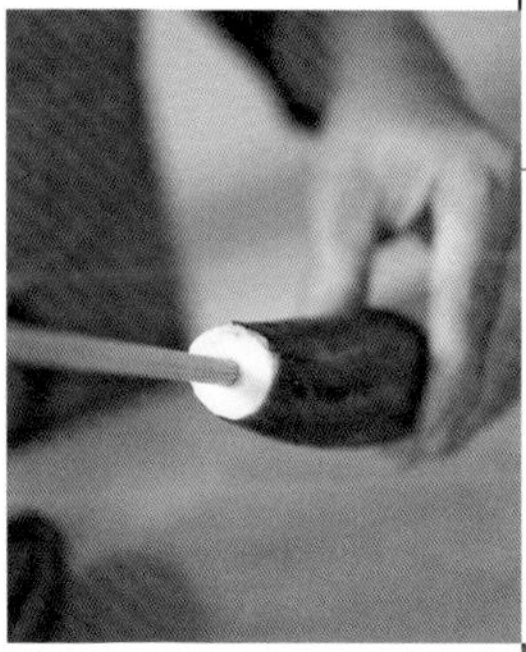

中まで均一に加熱できるように、箸を刺して穴をあけます。加熱後はそのまま流水にドボン！

納豆

材料と作り方（2人分）

納豆 … 1パック（40g）
　→付属のたれ（またはしょうゆ）適量を混ぜる

1　器に盛る。

きのこと海藻のみそ汁

下ごしらえストック
・もどしひじき→P109

材料と作り方（2人分）

しめじ … ½パック
　→小房に分ける
もどしひじき … 30g
　→食べやすく切る
だし汁 … カップ1½
みそ … 小さじ2

1　鍋にだし汁、しめじ、ひじきを入れて中火で煮立て、1〜2分煮る。火を弱めてみそを溶き入れ、煮立つ直前に火を止める。

特別な日に

気まぐれ ONE PLATE

ビーフステーキ定食

ごちそうです。

作り方はいたって簡単。

塩、こしょうをして焼くだけです。

だからこそ気合いを入れて慎重に！

特製フライドポテトと

野菜をたっぷり添えてどうぞ。

献立

・ビーフステーキ
・いんげんのソテー
・フライドポテト
・グリーンハーブサラダ
・ビーツのマリネ
・バターのせごはん

器

フラットな皿に盛り合わせて、
ワンプレートでいただきます。
汁けがあるビーツのマリネは、
ガラスの器に入れて。

がんばった自分へのごほうびに登場したりするから、家族には「えっ、なんでステーキ？」と不思議がられることも…

ビーフステーキ

ONE PLATE RECiPE

ビーフステーキ

材料と作り方（2人分）

牛ももステーキ用肉（2.5㎝厚さ）… 2枚
　→焼く20分前に室温に置く
塩、粗びき黒こしょう … 各小さじ½
油 … 大さじ½
ディジョンマスタード … 適量

1　焼く直前、牛肉に塩、黒こしょうをふる。
2　フライパンを弱火でじっくり温め、強火にして油をひく。1の肉を入れて1分焼き、返して弱火にし、好みの焼き加減になるまで30〜90秒焼く。
3　肉を取り出し、アルミ箔に包んで5分おいてから食べやすく切る。器に盛り、マスタードを添える。

2

3

強火で1分焼いて返し、弱火にして30秒でレア、90秒でミディアム。肉の側面を見ると、ミディアムは赤みが1㎝ほど残る感じ。最後はアルミ箔で包んで肉汁を落ち着かせます。

下ごしらえストック

・蒸しゆでいんげん
　→P101

いんげんのソテー

材料と作り方（2人分）

蒸しゆでいんげん … 100g
オリーブ油 … 小さじ1
A　塩、こしょう … 各少々

1　フライパンにオリーブ油を中火で熱し、いんげんを炒めてAで調味する。

下ごしらえ
ストック

・紫玉ねぎのビネガー漬け
→P104

ビーツのマリネ

材料と作り方（2人分）

ゆでビーツ … 1個
　→1cm厚さのいちょう切り

A　→混ぜ合わせる
　紫玉ねぎのビネガー漬け
　　… 大さじ2
　塩 … 少々

1　器にビーツを盛り、Aをかける

ビーツは市販のゆでたものでOK。
生からゆでるときは、
鍋にたっぷりの水、塩ひとつまみ、
レモンの輪切り3〜4枚と
一緒に入れ、やわらかくなるまで
1時間ほどゆでます。
またはビーツをアルミ箔で包み、
200℃のオーブンで30分焼きます。
いずれもそのまま冷まし、皮をむきます。

下ごしらえ
ストック

・サラダ用葉野菜
→P110

グリーンハーブサラダ

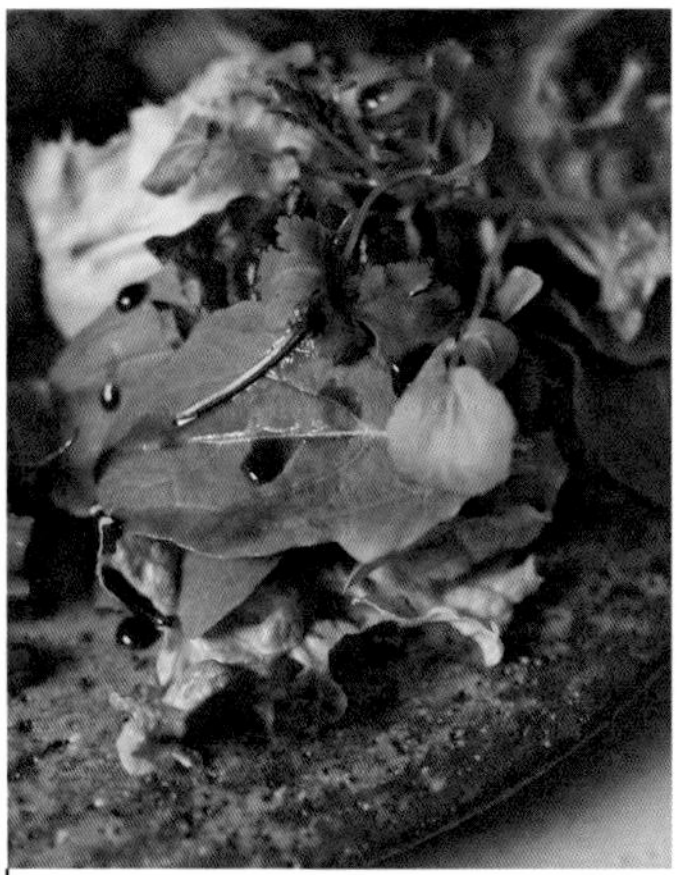

材料と作り方（2人分）

サラダ用葉野菜 … 200g
バルサミコ酢 … 適量

1　器にサラダ用葉野菜を盛り、バルサミコ酢をかける。

フライドポテト

材料と作り方（2人分）

じゃがいも（メークイン） … 2個
　→1.5cm幅のくし形に切り、
　　さっと洗う

A　塩 … 小さじ2
　ドライオレガノ（またはドライタイム）
　　… 大さじ1
　水 … カップ2

揚げ油 … 適量

1　鍋にAとじゃがいもを入れ、煮立ってから10分ゆでる。湯をきり、火にかけて水分をとばす。

2　フライパンに揚げ油を1cm深さほど入れ、180℃に熱する。1を入れ、こんがりするまで揚げる。

じゃがいもは
塩とハーブを加えて
ゆでておきます。
揚げたときに味が凝縮し、
よい香りがふわっとします。

献立

- さけの塩麹漬け焼き
- かぼちゃの甘辛煮
- 冷ややっこやたら漬けのせ
- アスパラのザーサイだれかけ
- 納豆
- きのこともずくの豆乳みそ汁
- ごはん

器

さけはかわいい絵付けの皿に。
こうしたシンプルな料理こそ
大胆な器に盛る、
これも器づかいの楽しみです。
絵柄の赤を豆皿2つとお椀に
リンクさせてまとまりよく。

さけの塩麹漬け焼き定食

さけは塩麹に漬けて、しっとり焼きます。

蒸したかぼちゃは上品な味の甘辛煮に。お豆腐には長野の名物「やたら漬け」をのせて。

アスパラは中華味、みそ汁は豆乳味。味に変化をつけると、献立が充実します。

さけの塩麹漬け焼き定食レシピ

さけの塩麹漬け焼き

材料と作り方（2人分）

生ざけ … 2切れ
　→Aをまぶして6時間以上おく

A　塩麹（市販品）… 大さじ1
　　酒 … 小さじ1

B　→混ぜ合わせる
　　大根 … 5㎝
　　　→すりおろして水けをきる
　　小ねぎ … 2本
　　　→小口切り

1　さけの汁けをふいて、熱した魚焼きグリルに入れ、途中で返して7〜8分（または230℃のオーブンで同じ時間）焼く。

2　器に盛り、Bを添える。

さけは塩麹と酒をまぶしてポリ袋に入れ、冷蔵庫へ。

かぼちゃの甘辛煮

下ごしらえストック
・レンジ蒸しかぼちゃ→P103

材料と作り方（2人分）

レンジ蒸しかぼちゃ … 100g

A　しょうゆ、酒、砂糖 … 各小さじ1
　　水 … 大さじ2

1　鍋にかぼちゃ、Aを入れてふたをし、中火で汁けがなくなるまで蒸し煮にする。

＊塩麹は麹と塩、水から作られる発酵調味料。うまみがあるので塩分が控えめですみ、腸内環境も整えてくれる優れものです。私は市販の米麹の粒があるタイプを使っています。

冷ややっこ やたら漬けのせ

下ごしらえストック
・やたら漬け→P105

材料と作り方（2人分）

豆腐（木綿または絹ごし）
…½丁（150g）
→水けをふき、半分に切る
やたら漬け…大さじ2

1 器に豆腐を盛り、やたら漬けをのせる。

アスパラのザーサイだれかけ

下ごしらえストック
・蒸しゆでアスパラガス→P101
・ザーサイだれ→P107

材料と作り方（2人分）

蒸しゆでアスパラガス…4本
→食べやすく切る
ザーサイだれ…小さじ2

1 器にアスパラガスを盛り、ザーサイだれをかける。

きのことくもずくの豆乳みそ汁

材料と作り方（2人分）

えのきだけ…小1袋
→長さを2～3等分に切る
もずく…50g
無調整豆乳…カップ1
だし汁…カップ½
白みそ…小さじ2

1 鍋に豆乳、だし汁、えのきだけを入れて中火で煮立て、みそを溶き入れる。もずくを加え、煮立つ直前に火を止める。

豆乳とえのきだけのうまみが、だし汁の代わり。甘みのある白みそがよく合います。

納豆

材料と作り方（2人分）

納豆…1パック（40g）
→付属のたれ（またはしょうゆ）適量を混ぜる

1 器に盛る。

ぶりの照り焼き定食

ぶりは、てりてり、つやつや、こってりと、
フライパンで気軽に焼きます。

野菜の酢みそがけ、ごまあえ、お豆腐を合わせ、
味に幅を持たせます。海藻、きのこも忘れずに。
塩麹はすまし汁の味つけにも役立ちます。

献立

- ぶりの照り焼き
- 長いもとミニトマトの酢みそがけ
- 豆腐の納豆昆布漬けのせ
- いんげんの黒ごまあえ
- きくらげの塩麹汁
- 雑穀ごはん

器

風味が力強いぶりはあえてほっこりとした皿に盛って、印象的に。豆腐の器といんげんの緑を合わせて色みを調和させ、黒のトレイで全体を締めます。

ぶりの照り焼き定食レシピ

ぶりの照り焼き

材料と作り方（2人分）

ぶり … 2切れ
　→1切れを2～3等分に切って酒少々をふり、
　　10分おいて水けをふく
小麦粉 … 適量
油 … 大さじ½
A　→混ぜ合わせる
　しょうゆ、酒 … 各大さじ1
　砂糖、みりん … 各大さじ½

1　ぶりは小麦粉を薄くまぶす。フライパンに油を中火で熱し、ぶりを入れて片面2～3分ずつ焼く。

2　たたんだペーパータオルで余分な油をふき取り、Aを加えて照りよく煮からめる。

焼く前に酒で臭みを取ります。ふつうは塩ですが、減塩のためには酒で。

2

焼けたらフライパンの中の油はふき取ること。たれのからみがよくなります。

長いもとミニトマトの酢みそがけ

下ごしらえストック
・酢みそだれ→P106

材料と作り方（2人分）

長いも … 8cm
　→4cm長さ、1cm角の棒状に切る
ミニトマト … 6個
酢みそだれ … 大さじ1

1　器に長いもとミニトマトを盛り、酢みそだれをかける。

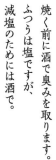

豆腐の納豆昆布漬けのせ

下ごしらえストック
・納豆昆布漬け
↓P105

材料と作り方（2人分）

豆腐（木綿または絹ごし）
…½丁（150g）
納豆昆布漬け … 大さじ4

1　器に豆腐をスプーンですくって盛りつけ、納豆昆布漬けをのせる。

いんげんの黒ごまあえ

下ごしらえストック
・蒸しゆでいんげん↓P101

材料と作り方（2人分）

蒸しゆでいんげん … 150g
→3cm長さに切る
A　すり黒ごま … 大さじ2
　砂糖 … 小さじ1
　しょうゆ … 小さじ½
　水 … 大さじ½

1　ボウルにAを入れて混ぜ、いんげんを加えてあえる。

きくらげの塩麹汁

下ごしらえストック
・もどしきくらげ
↓P109

材料と作り方（作りやすい分量）

もどしきくらげ … 40g
→細切り
だし汁 … カップ1½
塩麹 … 小さじ1

1　鍋にだし汁、きくらげを入れて中火で煮立て、塩麹を加えて火を止める。

雑穀ごはん

材料と作り方（作りやすい分量）

米 … 240mℓ
→丁寧にといでざるにあげる（→P11）
雑穀 … 120mℓ
→洗う（あわ入りは茶こしに入れる）

1　炊飯器に米と雑穀を入れ、2合の目盛りまで水を加えて、さらに水大さじ2〜3を加える。30分浸水させて、普通に炊く。

2　器に適量を盛る。

いわしの梅ごま煮定食

脂がのったいわしを、酢と梅干しの酸味、
ごまの香りの中で、さっぱりと煮ます。

白いごはんがすすむ魚おかず。こんなときは
卵焼きとなめこ汁を添えたくなるのが常。
あとは冷蔵庫の下ごしらえストックを足して完成！

献立

・いわしの梅ごま煮
・薬味野菜の塩昆布あえ
・だし巻き卵
・ほうれん草のめかぶあえ
・なめこ汁
・ごはん

器

いわしの器は普段づかいのアンティーク。形が面白く、丸い器の中に置くと新鮮です。楕円のトレイは収まりがよく、意外に使いやすいです。

いわしの梅ごま煮定食レシピ

いわしの梅ごま煮

材料と作り方（2人分）

いわし…4尾
　→頭と尾を切り落とす。腹に包丁を入れて
　　内臓を取り除き、洗う

A　酢、酒、みりん、水…各大さじ3
　｜おろししょうが…小さじ1
　｜しょうゆ…大さじ1½
　｜梅干し…1個

すり白ごま…大さじ2

1　鍋にAを入れて煮立て、火を止める。いわしを入れ、煮汁をかけて落としぶたをする。火をつけ、煮汁をときどきかけながら中火で20分煮る。

2　すり白ごまを加え、煮汁をかけながらひと煮立ちさせ、火を止める。

いわしはごまを加える
前も後も、味がしみるように
煮汁をかけながら煮ます。

薬味野菜の塩昆布あえ

下ごしらえストック
・薬味野菜ミックス→P110

材料と作り方（2人分）

薬味野菜ミックス…60g
塩昆布…5g
レモン汁（または酢）…大さじ½
ごま油…少々

1　ボウルに材料すべてを入れてあえる。

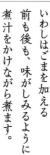

だし巻き卵

材料と作り方（2人分）

卵…3個
A だし汁…大さじ3
　塩麹（市販品）…小さじ½
油…小さじ¼×4

1　ボウルにAを入れて混ぜ、卵を割り入れて溶きほぐす。

2　卵焼き器を中火で熱し、油小さじ¼をぬる。1の¼量を入れて広げ、上面がほぼ焼けたら、向こう側から手前に巻いて、卵焼きを向こう側に寄せる。

3　あいている部分と卵焼きの下に油小さじ¼をぬり、残りの卵液の⅓量を入れて広げる。卵焼きを持ち上げ、その下にも卵液をまわす。上面がほぼ焼けたら手前に巻き、卵焼きを向こう側に寄せる。残り2回も同様に焼く。

4　粗熱が取れたら切り分け、器に盛る。

3-1

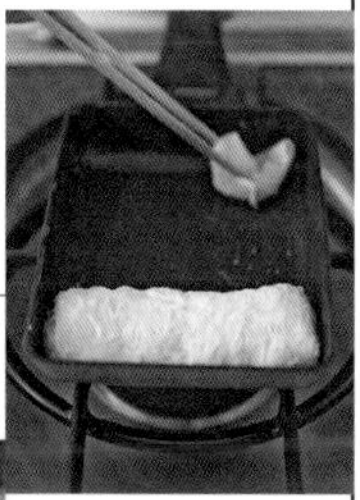

3-2

3-3

3-4

＊卵焼きはこの作業を繰り返す。

油はペーパータオルを小さくたたんだものでぬると、ムラなく焼けます。卵液を広げてプクッと膨らんだら、箸先でつぶして平らに。巻きやすくなります。

ほうれん草のめかぶあえ

下ごしらえストック
・ほうれん草のだしびたし→P105

材料と作り方（2人分）

ほうれん草のだしびたし…150g
上記の汁…大さじ2
めかぶ（味つけなし）…40g

1　ボウルに材料すべてを入れてあえる。

なめこ汁

材料と作り方（作りやすい分量）

なめこ…1袋
だし汁…カップ1½
みそ…小さじ2

1　鍋にだし汁を入れて中火で煮立て、なめこを加える。再び煮立ったら火を弱め、みそを溶き入れて、煮立つ直前に火を止める。

いつ食べても
おいしい

気まぐれ
ONE PLATE

ハムエッグ定食

黄身がぷるぷるっとして、白身のまわりがカリッ！
ハムエッグが大好きです。
パンを添えましたが、実はごはんにもすごく合う！
ひとりごはんのとき、
ワインといただくのは密かな楽しみ。

献立

- ハムエッグ
- 蒸しゆでアスパラガス
- きのこのソテー
- パンプキンスープ
- パン

器

ワンプレート盛りの中に
カップなどを収めるときは、
同色系の器でそろえると無難。
たとえ材質が違っても、
違和感がありません。

朝ごはんのテッパンのようでいて、実は晩ごはんにハムエッグの人って多いそう。とろ〜り香ばしい卵とごはんも、最高！

ハムエッグ

ONE PLATE RECIPE

ハムエッグ

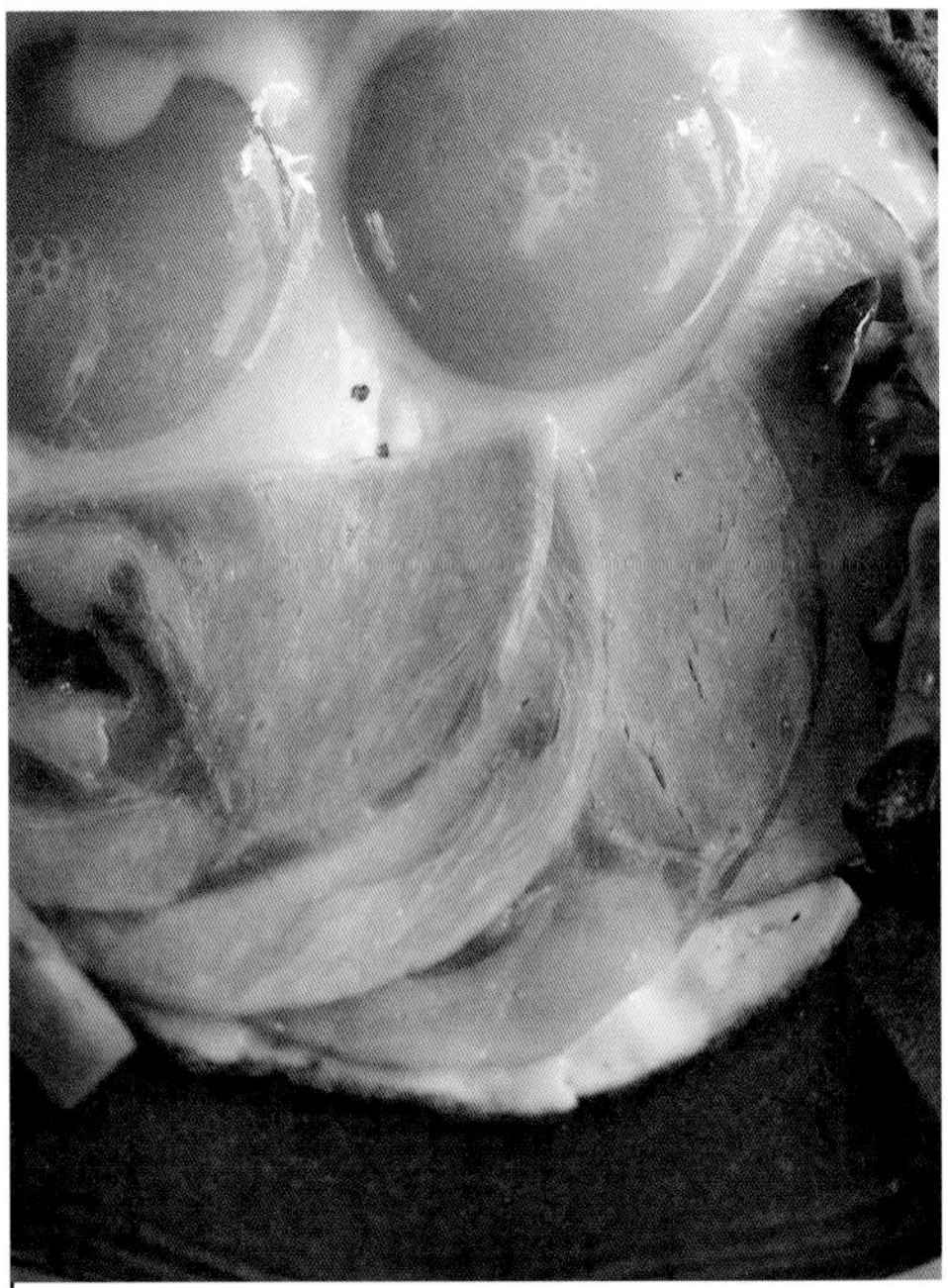

藤井定食の
ここだけ
ナイショ話

3年ほど前、八ヶ岳のすそ野に念願の別荘を買いました。そこでは洋風の定食をよく作ります。朝食というか、昼食というか…そう、ブランチと呼ぶのがぴったりかな。天然酵母のパンを焼き、あとは卵やハム、地元の洋物野菜。澄んだ空気とにこやかなお天道様がなによりのごちそうです。

材料と作り方（2人分）

卵…4個
ハム…4枚
　→半分に切る
油…小さじ2
塩、こしょう…各適量

1　フライパンに油小さじ1を中火で熱し、卵2個を割り入れる。白身の上にハム4切れをのせ、好みの加減に焼いて、塩、こしょう各少々をふる。残りも同様に作る。

黄身を黄色く仕上げるときは、
ふたをしません。
ふたをすると、
黄身が白っぽくなります。
焼き上がりの目安は、
白身が固まったかどうかで
見極めます。

下ごしらえストック

・レンジ蒸しかぼちゃ
→P103

パンプキンスープ

材料と作り方（2人分）

レンジ蒸しかぼちゃ… 150g
牛乳… カップ1
塩、こしょう… 各少々

1 ミキサーに、かぼちゃ、牛乳を入れ、なめらかになるまで撹拌する。

2 耐熱容器に移し、塩、こしょうで調味して、電子レンジで温める（または鍋に入れ、塩、こしょうをして温めてもよい）。

下ごしらえストック

・ゆできのこ
→P102

きのこのソテー

材料と作り方（2人分）

ゆできのこ… 150g
油… 小さじ½
こしょう… 少々

1 フライパンに油を中火で熱し、きのこを入れてさっと焼く。こしょうをふる。

下ごしらえストック

・蒸しゆでアスパラガス
→P101

蒸しゆでアスパラガス

材料と作り方（2人分）

蒸しゆでアスパラガス… 4本
→長さを半分に切る

1 目玉焼きにアスパラガスを添える。

豆腐ハンバーグ定食

豆腐に鶏ひき肉を加えた和風ハンバーグ。
植物性と動物性、ふたつのたんぱく質を合わせると、
うまみの相乗効果が生まれます。
クリーミーなサラダ、ちょっと酸っぱい小鉢を添えて、
ボリュームたっぷり、カロリー控えめの本日ごはん！

献立

・豆腐ハンバーグ
　きのこあんかけ
・かぼちゃのヨーグルトサラダ
・小松菜の梅だれかけ
・きゅうりの白ごまのせ
・わかめと薬味野菜のみそ汁
・ごはん

器

ハンバーグの皿は
豚焼き肉の皿と同じもの（P26）。
かぼちゃの器はその皮の色に、
小松菜の器の縁は梅の色に、
食材の色に合わせた器選び。

豆腐ハンバーグ定食レシピ

豆腐ハンバーグきのこあんかけ

下ごしらえストック
・ゆできのこ
→P102

材料と作り方（2人分）

木綿豆腐…1丁
　→ペーパータオルに包み、重石をして10分おく
鶏ひき肉…150g
A　玉ねぎ…¼個　→みじん切り
　塩、こしょう…各少々
　片栗粉…大さじ1
ゆできのこ…150g
B　だし汁…カップ1
　塩…小さじ⅓
　みりん、しょうゆ…各小さじ1
　片栗粉…大さじ1
油…小さじ1

1　ボウルに、豆腐、ひき肉を入れ、しっかり練り混ぜる。Aを順に加えながらさらに混ぜる。2等分にして円形にまとめる。

2　フライパンに油を中火で熱し、1を入れる。ふたをして片面6分ずつ焼く。器に盛る。

3　2のフライパンをふき、B、きのこを入れ、混ぜながら煮立てる。とろみがついたら2にかける。

かぼちゃのヨーグルトサラダ

下ごしらえストック
・レンジ蒸しかぼちゃ→P103
・ヨーグルトだれ
→P106

材料と作り方（2人分）

レンジ蒸しかぼちゃ…150g
ヨーグルトだれ…100g
こしょう…少々

1　ボウルに材料すべてを入れて混ぜる。

1

まず、豆腐とひき肉だけを粘りが出るまで混ぜてなじませます。

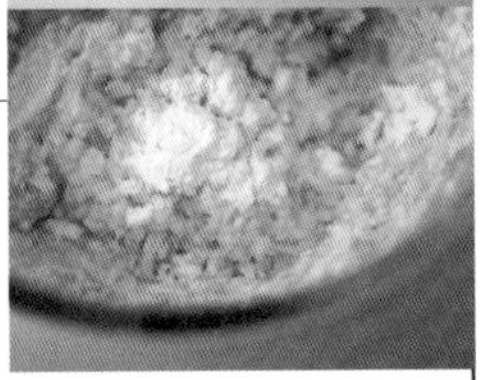

玉ねぎと調味料、つなぎの片栗粉を加えて、またよく混ぜて。

2

焼きます。ときどき火加減に注意しながら、途中で上下を返してこんがりと。

小松菜の梅だれかけ

下ごしらえストック
・蒸しゆで小松菜→P100
・梅だれ→P107

材料と作り方（2人分）

蒸しゆで小松菜…150g
梅だれ…小さじ2

1　器に小松菜を盛り、梅だれをかける。

きゅうりの白ごまのせ

下ごしらえストック
・塩きゅうり→P99

材料と作り方（2人分）

塩きゅうり…100g
→水けを絞る
すり白ごま…小さじ2

1　器にきゅうりを盛り、すり白ごまをかける。

わかめと薬味野菜のみそ汁

下ごしらえストック
・もどしわかめ→P109
・薬味野菜ミックス→P110

材料と作り方（作りやすい分量）

もどしわかめ…40g
薬味野菜ミックス…20g
だし汁…カップ1½
みそ…小さじ2

1　鍋にだし汁を入れて中火で煮立て、わかめを加える。火を弱めて、みそを溶き入れ、煮立つ直前に火を止める。

2　お椀によそい、薬味野菜ミックスをのせる。

藤井定食のここだけナイショ話

自他ともに認める薬味野菜好きです。季節を問わず常備しています。おもに使う野菜は、長ねぎ、青じそ、みょうが、貝割れ菜。切ったらいったん水にさらしたほうが辛みや雑味が消えて、だんぜん香りが立ちます。みそ汁やおつゆには、アクセントとして仕上げに少々加えるのが普通ですが、私は具にもなるくらいたっぷりのせます。

豆腐ステーキ定食

豆腐を焼いて香味だれをかけるだけの主菜。
カリッと風味よく、食欲をそそります。
副菜はナムル2品。ズッキーニはナンプラー味、
きのこは塩味。かき玉汁を添えて、
体にもお財布にもやさしい食事に。

献立

・豆腐ステーキ 香味だれ
・ズッキーニのナムル
・きのこのナムル
・キムチ納豆
・かき玉汁 しょうがのせ
・発芽玄米ごはん

器

長方形の皿は肉や魚にも合い、
縁に立ち上がりがあれば、
たれがあってもよく、重宝。
器の形がいろいろなので、
色は白と黒でシンプルに。

豆腐ステーキ定食レシピ

豆腐ステーキ 香味だれ

下ごしらえストック
・香味だれ→P107

材料と作り方（2人分）

木綿豆腐…1丁
→ペーパータオルに包み、重石をして10分おく。6等分の薄切りにする
片栗粉…適量
油…大さじ2
香味だれ…大さじ2

1　豆腐は片栗粉をまんべんなくまぶし、5〜6分おいて粉をなじませる。
2　フライパンに油を中火で熱し、1を片面3分ずつ焼く。
3　器に盛り、香味だれをかける。

片栗粉をまぶした豆腐は少しおいてから焼いたほうが、表面の皮がカリッ、もちっと仕上がっていっそうおいしい。

ズッキーニのナムル

材料と作り方（2人分）

ズッキーニ…1本
→1cm厚さの輪切り
A　ナンプラー…小さじ1
　おろしにんにく…小さじ½
　ごま油…小さじ2

1　鍋にAとズッキーニを入れて混ぜる。ふたをして中火にかけ、5〜6分蒸し煮にする。

本来はアミの塩辛を使いますが、手に入りにくいからナンプラーで。ズッキーニとの相性は抜群！

きのこのナムル

下ごしらえストック
・ゆできのこ
↓P102

材料と作り方（2人分）

ゆできのこ … 150g
A　おろしにんにく … 小さじ½
　ごま油 … 小さじ2

1　ボウルにAを入れ、手でよく混ぜて撹拌し、きのこを加えてあえる。

キムチ納豆

材料と作り方（2人分）

納豆 … 1パック（40g）
　→付属のたれ（またはしょうゆ）適量を混ぜる
白菜キムチ … 50g

1　器に納豆を盛り、キムチをのせる。

かき玉汁しょうがのせ

材料と作り方（2人分）

卵 … 1個　→溶きほぐす
だし汁 … カップ1½
乾燥あおさ … 5g
　→さっと水にくぐらせる
塩 … 小さじ¼
しょうゆ … 小さじ1
A　→混ぜ合わせる
　片栗粉 … 大さじ½
　だし汁（または水）… 大さじ1
おろししょうが … 適量

1　鍋にだし汁を入れて中火で煮立て、あおさ、塩、しょうゆを加える。再び煮立ったらAを加えて、混ぜながら煮立てる。

2　溶き卵を細く流しながら回し入れ、卵がふんわり浮いてきたら火を止める。

3　お椀によそい、おろししょうがをのせる。

発芽玄米ごはん

材料と作り方（作りやすい分量）

米、発芽玄米 … 各1合（180mℓ）
　→合わせて丁寧にとぎ、ざるにあげる

1　炊飯器に米と発芽玄米を入れ、2合の目盛りまで水を加えて、さらに水大さじ2〜3を加える。60分浸水させて、普通に炊く。

2　器に適量を盛る。

卵さえあれば

気まぐれ
ONE
PLATE

オムレツサンド定食

焼きたてのオムレツをパンでサンド。
すぐにラップで包みます。
オムレツの蒸気でパンがふわふわっ！
レンジでカリカリにしたベーコンと
にんじんときゅうり、2種のサラダを添えて。

献立

- ・オムレツサンド
- ・カリカリベーコン
- ・にんじんのラペサラダ
- ・きゅうりのヨーグルトサラダ
- ・ルッコラ

器

きゅうりサラダの器は
デミタスカップです。
器づかいは自由。
型どおりの垣根を越えてみる、
それはすごく楽しい。

卵さえあれば、最強です。卵サンドは朝の幸福度を上げてくれる！ 色がもたらすパワーもあなどれません。

オムレツサンド

ONE PLATE RECIPE

オムレツサンド

通常のオムレツよりも簡単。
パンにぬるのはバターではなく
マヨネーズ。
卵とも相性がよく、
風味もつきます。

a

c

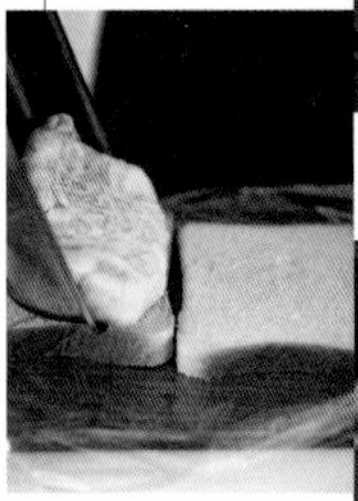

b

d

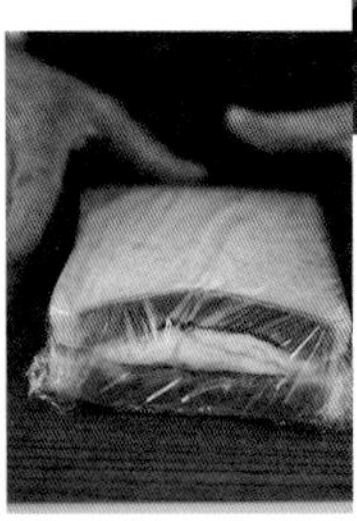

材料と作り方（2人分）

食パン（8枚切り）…4枚
→片面にマヨネーズ大さじ¼ずつをぬり、
そのうちの2枚にマスタード小さじ½ずつを重ねぬる

卵…4個

A 牛乳…大さじ4
塩…少々

バター…20g

1 ボウルに卵を溶きほぐし、Aを加えて混ぜる。

2 パンはマヨネーズとマヨネーズ+マスタードをぬったものを1組とし、ぬった面を上にして置く。

3 卵焼き器にバター10gを中火で溶かし、1の半量を入れて混ぜる〈a〉。半熟状になったら半分に折り、形を整える〈b〉。残りも同様に作る。

4 2のパンの一方に3をのせ〈c〉、もう一方のパンでサンドする。ラップで包み〈d〉、パンが湿ったら3等分に切る。

下ごしらえ
ストック

- 塩きゅうり →P99
- ヨーグルトだれ →P106

きゅうりのヨーグルトサラダ

材料と作り方（2人分）

塩きゅうり … 100g
→水けを絞る
ヨーグルトだれ … 100g

1 ボウルにきゅうりとヨーグルトだれを入れてあえる。

下ごしらえ
ストック

- 塩にんじん →P99

にんじんのラペサラダ

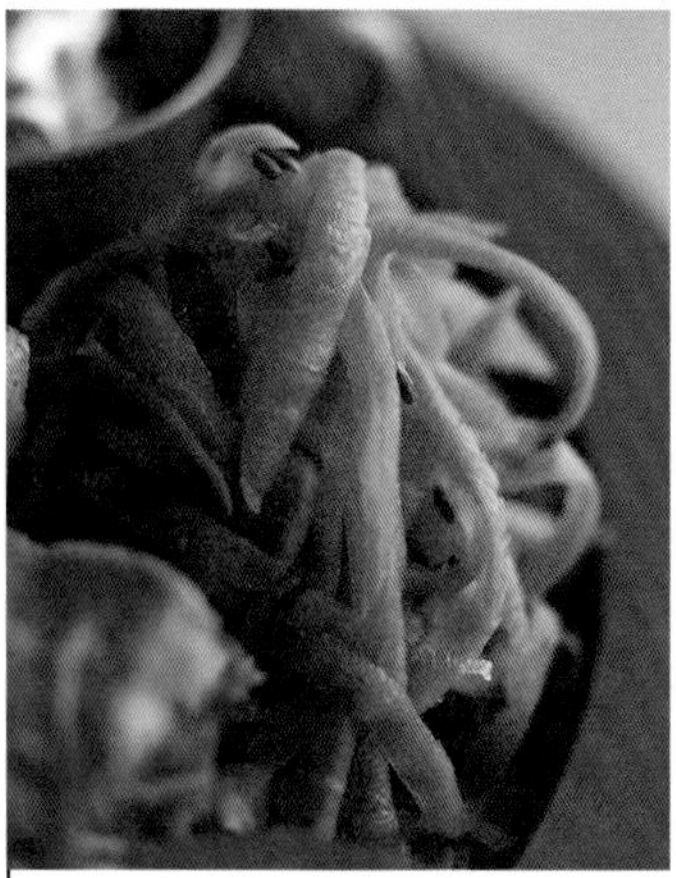

材料と作り方（2人分）

塩にんじん … 150g
→水けを絞る
A おろし玉ねぎ、はちみつ、
クミンシード … 各小さじ1
白ワインビネガー … 大さじ1

1 ボウルにAを入れて混ぜ、にんじんを加えてあえる。

カリカリベーコン

材料と作り方（2人分）

ベーコン（スライス） … 4枚

1 ベーコンをペーパータオルではさみ、電子レンジ（600W）で4分加熱する。

藤井定食の ここだけ ナイショ話

洋風プレートに添えるサラダは、ひと塩をしてそっと混ぜた「塩野菜」を常備しておくと便利です。オイルやビネガー、ドレッシングやマヨネーズであえるだけで、いろいろなサラダに展開できます。なにより「作りたて」が食べられるって、最高です。

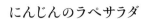

豆と野菜のスープ定食

農家風スープとでもいうのでしょうか、
長野の家では、豆とあり合わせの野菜を
たっぷり加えたスープをよく作ります。
このときばかりはサラダ、チーズとパン。
酵母パンやチーズの香りがかぐわしい。

献立

・豆と野菜のスープ
・フレッシュサラダ
・紫キャベツのマリネ
・チーズトースト

器

洋食ですが、ほっこりとした和食器に盛り、家庭的でやさしいイメージに。皿の縁に描かれた素朴な絵がなんとなく豆の形みたいです。

豆と野菜のスープ定食レシピ

豆と野菜のスープ

下ごしらえストック
・もどしうずら豆
↓P108

材料と作り方（2人分）

もどしうずら豆…100g
ベーコン（かたまり）…70g　→1cm角に切る
玉ねぎ…½個　→1cm角に切る
A　にんじん…½本　→1cm角に切る
　セロリ…½本　→1cm角に切る
　しいたけ…2枚　→1cm角に切る
　キャベツ…2枚　→1cm角に切る
オリーブ油…大さじ½
B　白ワイン…大さじ2
　水…カップ3
塩…小さじ¼
粗びき黒こしょう…少々

1　鍋にオリーブ油を中火で熱し、ベーコン、玉ねぎを炒める。香りが立ったらAの野菜ときのこを加え、油がまわるまで炒める。

2　B、うずら豆を加え、煮立ったらふたをして、弱火で30分煮る。塩、黒こしょうで調味する。

1-1

1-2

2-1

2-2

フレッシュサラダ

下ごしらえストック
・サラダ用葉野菜
↓P110
・紫玉ねぎのビネガー漬け
↓P104

材料と作り方（2人分）

サラダ用葉野菜…100g
A　紫玉ねぎのビネガー漬け
　…大さじ1
　オリーブ油…小さじ1
　こしょう…少々

1　ボウルにAを混ぜ合わせ、サラダ用葉野菜を加えてあえる。

豆はもどしただけ。
豆そのものの味がします。
だからシンプルな味つけでも、
奥行きのある味に。

紫キャベツのマリネ

下ごしらえストック
・塩紫キャベツ
→P99

材料と作り方（2人分）

塩紫キャベツ … 150g
　→水けを絞る
A 白ワインビネガー … 大さじ1
　はちみつ … 小さじ½
　クミンシード … 小さじ1

1　紫キャベツにAを加えてあえる。

ビネガーとはちみつに、
クミンシードをひとふりして、
異国の香りに。

チーズトースト

材料と作り方（2人分）

パン（カンパーニュ） … 1切れ
　→半分に切る
カマンベールチーズ … 1個
　→1cm幅に切る
タイムの葉（あれば） … 小さじ1

1　パンにチーズを並べ、オーブントースターでこんがり焼いて、タイムを散らす。

たっぷり野菜の焼き豚汁定食

厚めの豚肉を色よく焼き、豚汁に。
食べごたえと焼き色のうまみがプラスされ、
豚汁におかず感が増します。
ごはんさえあれば満足ですが、
おひたしと卵焼きを添え、目にもおいしく。

献立

- たっぷり野菜の焼き豚汁
- ほうれん草と大豆の梅びたし
- ひじき入り卵焼き
- ごはん

器

豚汁は大きな塗りのお椀で。
深さはあまりないので、
煮ものを盛ったりもできます。
器の色を全体に抑え、
質感と形の違いで変化を。

たっぷり野菜の焼き豚汁定食レシピ

たっぷり野菜の焼き豚汁

下ごしらえストック
・レンジ蒸し里いも
→P103

材料と作り方（2人分）

豚しょうが焼き用肉…150g　→3㎝幅に切る
A　大根…3㎝　→7〜8㎜厚さのいちょう切り
　にんじん…⅓本
　　→7〜8㎜厚さのいちょう切り
　ごぼう…⅓本　→斜め5㎜幅に切る
　しめじ…½パック
レンジ蒸し里いも…2個
酒…大さじ½
小ねぎ…2本　→2㎝長さに切る
だし汁…カップ3
みそ…大さじ1½

1　鍋に、だし汁、Aの野菜ときのこを入れてふたをし、中火にかける。煮立ったら弱火で15分煮る。

2　フライパンを熱し、油をひかずに豚肉を広げ入れる。薄く色づくまで両面を焼き、酒を加える。

3　1の鍋に2と里いもを入れ、5〜6分煮る。みそを溶き入れ、小ねぎを加えて、煮立つ直前に火を止める。

＊生の里いもを使う場合は、作り方1で他の野菜と一緒に入れてください。

里いも以外の野菜が煮えたところに、豚肉と里いもを加えます。野菜も豚肉も油で炒めないのですっきり。食材の持ち味が生きます。

ほうれん草と大豆の梅びたし

下ごしらえストック
・ほうれん草のだしびたし → P105
・ゆで大豆 → P102

材料と作り方（2人分）

ほうれん草のだしびたし … 150g
ゆで大豆 … 100g
ゆで大豆のひたし汁 … 大さじ1
梅干し … 1個
　→種を除いてたたく

1　ボウルに材料すべてを入れてあえる。

ひじき入り卵焼き

下ごしらえストック
・もどしひじき → P109

材料と作り方（2人分）

卵 … 2個
もどしひじき … 50g
小ねぎ … 2本　→薄い小口切り
A　だし汁 … 大さじ2
　しょうゆ、砂糖 … 各小さじ½
油 … 小さじ¼×3

1　ボウルにAを入れて混ぜ、卵を加えて溶き合わせる。ひじき、小ねぎを加えてさらに混ぜる。

2　卵焼き器を中火で熱して油小さじ¼を入れて全体にまわし、1の⅓量を流し入れる。手前に巻いて向こう側に寄せる。これをさらに2回繰り返して卵焼きを作り、切り分ける。

なすと油揚げのそうめん定食

なすと油揚げの具だくさん熱汁《あつじる》は、
思い出の母の味です。
和風の麺には
ちくわの天ぷらがうちの定番。
切るだけの野菜と納豆を加えて、
偏りがちな栄養バランスを補います。

献立

・なすと油揚げの
そうめん
・冷やしトマト
・ちくわのあおさ天
・オクラ納豆

器

そうめんは白い陶器に盛り、
軽やかでやさしい感じに。
ガラス器をひとつ加えると、
全体に清涼感が漂います。

なすと油揚げのそうめん定食レシピ

なすと油揚げのそうめん

材料と作り方（2人分）

油揚げ … 1枚　→熱湯をかけて油抜きをし、細切り
なす … 2本　→縦半分にして斜め5㎜幅に切る
まいたけ … ½パック　→小房に分ける
だし汁 … カップ2
みりん、しょうゆ … 各大さじ2
そうめん … 3束
みょうが … 2本　→薄い小口切りにし、さっと洗う
おろししょうが … 小さじ2

1　鍋にみりんを入れて中火にかけ、煮立ったらだし汁、しょうゆを加える。再び煮立ったら、油揚げ、なす、まいたけを加え、弱火で4〜5分煮る。

2　そうめんを袋の表示どおりにゆでて、水で洗って、冷水でしめる。器に盛り、みょうが、おろししょうがを添える。1を別の器によそって添える。

冷やしトマト

材料と作り方（2人分）

トマト … 1個
→6〜8等分のくし形切り

1　器に盛る。

1

みりんは煮立ててアルコール分をとばし、まろやかに。

2

そうめんは水に落としてしめます。もみ洗いをすると、表面の油分が落ちて洗練された風味に。

オクラ納豆

材料と作り方（2人分）

オクラ … 8本
→ガクのまわりをくるりとむく
納豆 … 1パック（40g）
A しょうゆ、酢 … 各小さじ½

1 鍋に湯を沸かしてオクラをゆで、ざるにあげて冷ます。薄い小口切りにする。

2 器に1と納豆を盛り、Aをかける。

ちくわのあおさ天

材料と作り方（2人分）

ちくわ … 大1本
→縦半分にして長さを3等分に切る
A 天ぷら粉、水 … 各大さじ3
乾燥あおさ … 2g
→細かくくだく
油 … 適量

1 ボウルにAを入れて混ぜ、ちくわを加えてからめる。

2 フライパンに油を2㎝深さに入れ、180℃に熱する。1を入れ、2分揚げてカリッとさせる。

＊あおさは、磯の香りのよさが特徴の海藻。みそ汁の具にもおすすめです。

わかめがゆ定食

もち米とふつうの米を混ぜた、おかゆです。
ポタージュのような舌ざわり。
もち米を加えると、甘みが出ます。
おかゆにのせてもいいじゃこナッツ、
韓国風卵焼きと
バンバンジーを一緒に。

献立

- わかめがゆ
- カリカリじゃこナッツ
- バンバンジー
- ケランマリ

器

和食ではありませんが、
器はすべて和食器。
愛らしい絵皿、
個性的な形の器、
白無地なら花びらの形などを
合わせて楽しく。

わかめがゆ定食レシピ

わかめがゆ

下ごしらえストック
・もどしわかめ
↓
P109

材料と作り方（2人分）

米、もち米 … 各カップ¼
→合わせて洗い、たっぷりの水に30分以上ひたして、ざるにあげる
もどしわかめ … 50g
水 … カップ3
A おろしにんにく、ごま油 … 各小さじ1
塩 … 小さじ¼

1 鍋にAを入れて中火で炒め、香りが立ったら、米、もち米を加えて炒める。米が鍋底にはりつくまでになったら、わかめ、分量の水を加える。

2 煮立ったらしっかり鍋底から混ぜ、弱火にしてふたをする。ときどきかき混ぜながら30分煮る。最後に塩で調味する。

はりついた米をはがし炒めていると、カサカサとした感じになります。こうなったら水を加えます。

もち米（上）をうるち米（下）に加えると、プツプツとしたもち米の食感が新鮮で、飽きずに食べられます。

カリカリじゃこナッツ

材料と作り方（2人分）

ちりめんじゃこ … 10g
かぼちゃの種（または松の実）… 大さじ1
くるみ … 30g
A しょうゆ … 小さじ⅓
│ みりん … 小さじ1
ごま油 … 小さじ½

1 フライパンにちりめんじゃこ、かぼちゃの種、くるみを入れ、中火で炒りつける。香りが出たらAを加えて混ぜ、仕上げにごま油を加えて混ぜる。

ケランマリ

下ごしらえストック
・塩にんじん
→P99

材料と作り方（2人分）

卵 … 2個
塩、こしょう … 各少々
塩にんじん … 40g
→水けを絞る
小ねぎ … 2本
→薄い小口切り
ごま油 … 小さじ¼×3

1 ボウルに卵を割り入れて溶きほぐし、塩、こしょう、にんじん、小ねぎを加えて混ぜる。

2 卵焼き器を中火で熱し、ごま油小さじ¼を入れて全体にまわし、1の⅓量を流し入れる。手前に巻いて向こう側に寄せる。これをさらに2回繰り返して卵焼きを作り、切り分ける。

バンバンジー

下ごしらえストック
・薬味野菜ミックス
→P110
・ごまだれ→P107

材料と作り方（2人分）

鶏むね肉（皮なし）… 1枚（200g）
→フォークで全体を刺す
A 酒、おろししょうが … 各小さじ1
薬味野菜ミックス … 50g
ごまだれ … 大さじ2

1 耐熱皿に鶏肉とAを入れてからめ、室温に20分おく。

2 ラップをふんわりとかけ、電子レンジ（600W）で2分30秒加熱する。冷めるまでそのままおく。

3 肉を食べやすく裂き、薬味野菜ミックスと一緒に器に盛って、ごまだれをかける。

巣立っていった娘たちに思いをはせて作るパンケーキ。懐かしいような、うれしいような…　これってシアワセっていう味なのかな？

本日快晴!
気まぐれ ONE PLATE

パンケーキ定食

気持ちがいい日曜の朝は、休みでもはりきります。
パンケーキは幼かった娘たちのために、
何度も何度も配合を変えて作ってきました。
私のNo.1は、シンプルなこの配合。
ラクに作れ、しっとり！ やさしい口あたりです。

献立

- パンケーキ
- スクランブルエッグ
- グリルソーセージ
- グリーンハーブサラダ
- フルーツ

器

白とブルーの洋皿に盛り、
爽やかな印象に。
バラつかないように、
フルーツだけはガラスの器に
入れて盛ります。

パンケーキ

牛乳とレモン汁で作った
バターミルク状のものを
生地に加えるとしっとりします。
生地ができたら
10分以上休ませることが大切。
食感がよくなり、風味が高まります。

a

b

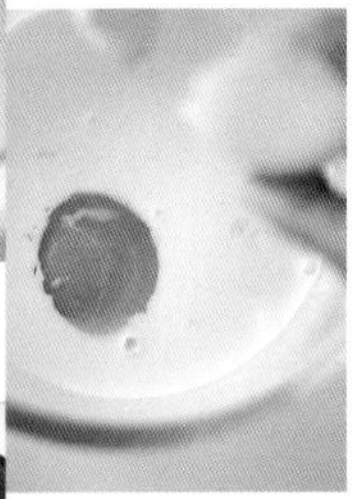

c

d

e

f

材料と作り方（4人分　直径5～6cm 22枚分）

A →ボウルに合わせ、軽く混ぜて20分おく〈a〉
　牛乳…カップ1
　レモン汁…大さじ1
卵…1個
B 砂糖…大さじ1
　塩…少々
バター…20g　→耐熱カップに入れてラップをし、
　電子レンジ（600W）で20秒加熱して溶かす
C →合わせる
　薄力粉…150g
　ベーキングパウダー、重曹（ベーキングソーダ）…各小さじ1
油…適量
メープルシロップ…適量

1 Aのボウルに卵を割り入れ〈b〉、溶き合わせる。Bを加えて混ぜ、Cをふるい入れて混ぜる〈c〉。溶かしバターを加えてなめらかになるまで混ぜる〈d〉。冷蔵庫で10～20分休ませる。

2 フライパンを中火で熱し、ぬれぶきんに移して冷まし、再び中火にかける。油を薄くぬり、1を1枚につき大さじ3ずつ入れる。ポツポツと穴があいて膨らんだら返し〈e〉、焼き色がつくまで焼く。残りも同様に焼いて、ふきんの上に取り出す〈f〉。

3 器に盛り、メープルシロップをかける。

下ごしらえストック

・サラダ用葉野菜
→P110

グリーンハーブサラダ

材料と作り方（2人分）

サラダ用葉野菜 … 150g
バルサミコ酢 … 適量

1　器にサラダ用葉野菜を盛り、バルサミコ酢をかける。

グリルソーセージ

材料と作り方（2人分）

ソーセージ … 6本
A　水 … 大さじ3
　油 … 小さじ½
粒マスタード … 適量

1　フライパンにAを入れて中火で煮立て、ソーセージを転がしながらゆでる。水けがとんだら、焼きつけて焼き色をつける。器に盛り、粒マスタードを添える。

スクランブルエッグ

材料と作り方（2人分）

卵 … 3個
A　牛乳 … 大さじ4
　塩 … 小さじ⅕
　こしょう … 少々
バター … 10g

1　ボウルに卵を溶きほぐし、Aを加えてよく混ぜる。

2　卵焼き器を中火で熱してバターを溶かし、1を入れる。20秒そのままにしてから、へらで手早く混ぜる。まだ生っぽいところが残っている状態で器に盛る。

フルーツ

材料と作り方（2人分）

オレンジ … ½個
　→皮をむいて、ひと口大に切る
いちご … 4個
　→縦半分に切る
キウイフルーツ … 1個
　→皮をむいてひと口大に切る

1　器にバランスよく盛る。

藤井定食

Q question

**藤井定食は
いつから始められたのか、
教えてください。**

実はかなり前から、旅館の朝食や居酒屋みたいに、料理が少しずつたくさん並ぶ食事にあこがれていました。同時に、ごはんとみそ汁以外にいろんなおかずを並べるとしたら、トレイがあったほうが便利だろうとも、思っていました。でも、当時はあまりにも忙しくて、とてもそんなことができる状態ではありませんでした。「家でこれやりたい！」と、イメージが具体的になり始めたのは、娘たちが大学生になり、15年近く続いていたお弁当作りから解放されたころからです。そこから器やトレイを少しずつ集め始めました。実現したのは、娘たちが結婚やひとり暮らしによって巣立ち、夫婦ふたりの生活になってからです。

ワクワクする、とにかく楽しい！藤井定食の原点はそこにあります。

懐石料理の佇《たたず》まいの
よさを残しながら、
家庭料理の温かさと
気軽さにあふれる藤井定食。
そこには、
自らが楽しんで
料理するからこそ伝わる、
メッセージが
あります。

Q question

長野と東京の2拠点生活を始められたころですか？

心のゆとりができたのだと思います。それまでは毎日〝鍋〟の生活（笑）。お弁当も義務感で作っていました。料理研究家にもかかわらず、私のなかに本来の食の楽しみがなかったように思います。家族のために作り、私自身が何よりも楽しめる、それが感じられたのがこの形式だったので、一気にハマりました。

Q question

〝おままごと〟のような楽しみですか？

「遊んでいる」と言ってもいい。小さいときから好きだったおままごとをしている気分です。作るのが大変だったりすると、疲れてしまって楽しめませんが、調理はシンプルなものしか作らないし、下ごしらえストックを用意してあるので、すぐに簡単に作れます。

Q question

「下ごしらえストック」は〝目から鱗〟のやり方でした。

始めたきっかけは、朝ごはんをしっかり食べるための準備でした。そのうえ大学生の娘たちは自分たちでお弁当を作るし、家に遅く帰ってきたときは自分たちで料理できるようにするためでした。うちは〝鍋〟に慣れちゃったせいか（笑）、作りおきおかずのようなものは、あまり好みません。洗っただけの葉野菜、切って塩を薄くまぶしたにんじん、ブロッコリーの塩蒸しゆで、もどしたわかめなどを用意しておけば、そのまま食べてもよく、肉と一緒に炒めたり、たれがあればつけたりできます。むしろそのほうが素材の味を楽しめると、喜ばれました。

Q 献立はどのように考えるのですか？

まず、栄養を意識します。腸内環境を良好にするため、1日に必ず摂りたい食品として、緑黄色野菜、発酵食品、きのこ、海藻が入っているか、たんぱく質が充分か、をチェックします。あとは思いつきです。食べたい肉や魚があれば焼くだけ。小さなおかずは下ごしらえストックの野菜を組み合わせ、調味料を加えてあえたりするだけです。だから、この本で紹介する料理は、料理とは言えないほど簡単です。葉野菜は水にひたしてから水きりし、ストックしておくだけでパリッとなる、野菜が元気なら、バルサミコ酢をたらすだけでもおいしくなるんです。

Q 作っているとき、いちばん楽しいと思うのは、どんなときですか？

盛りつけているときですかね。う〜ん、スマホで写真を撮って、「きれい！」と思う瞬間かも。うまく撮れたら、すごくうれしい！

Q トレイの中は、藤井さんの考えや思いを表現した小宇宙ですね。

娘たちが久しぶりに帰ってきたときも、今はこのスタイルです。私の気持ちをメッセージとして伝えたいから。私にとって、「食べる」を大切にすることは、私自身を大切にすることなんです。

野菜の下ごしらえストック

&だし汁

STOCK RECIPE

STOCK RECIPE

塩をまぶす

1%前後の塩をふって、もみ込まずにふんわりと混ぜるだけ。塩は塩味をつけるためではなく、フレッシュな状態を保つため。こうすると水分は少し出ますが、繊維が壊れないのでベチャッとならず、色、食感、風味が損なわれません。

保存期間　冷蔵庫で3～4日

塩にんじん

材料と作り方（作りやすい分量）

にんじん … 3本（500g）
　→スライサーで細切り。または
　　包丁でせん切り
塩 … 小さじ1

1　塩をふって、全体に塩が行きわたるようにやさしく混ぜる。
2　保存容器に入れ、室温に30分おいてから冷蔵保存。

アレンジ料理

→にんじんとほうれん草のおひたし（P21）
→ミックス野菜のナムル（P28）
→にんじんの白あえ（P33）
→ブロッコリーのごまあえ（P40）
→にんじんのラペサラダ（P73）
→ケランマリ（P89）
→ナムル、しりしりなどに。

塩きゅうり

材料と作り方（作りやすい分量）

きゅうり … 3本
　→薄い輪切り
塩 … 小さじ⅔

1　ボウルにきゅうりを入れ、塩をふって、全体に塩が行きわたるようにやさしく混ぜる。
2　保存容器に入れ、室温に30分おいてから冷蔵保存。

アレンジ料理

→きゅうりの白ごまのせ（P65）
→きゅうりのヨーグルトサラダ（P73）
→サンドイッチ、あえもの、サラダなどに。

調理道具は本当にたくさん持っています。
でも使うものはわずかです。
このスライサーも
長く使っている道具のひとつ。
ほかの人にはよいものでも
自分にいいとは限らないから、
よい調理道具を見つけるのはなかなか難しい。

塩紫キャベツ

材料と作り方（作りやすい分量）

紫キャベツ（またはキャベツ）… 300g
　→細切り
塩 … 小さじ1

1　ボウルに紫キャベツを入れ、塩をふって、全体に塩が行きわたるようにやさしく混ぜる。
2　保存容器に入れ、室温に30分おいてから冷蔵保存。

アレンジ料理

→紫キャベツのマリネ（P77）
→（普通のキャベツなら）コールスロー、
　春巻き、ぎょうざ、つけ合わせ、
　スープなどに。

ポイントは2点。
塩の量を守ること、
塩を加えたらもみ込まずに混ぜること。
塩もみすると水分が出て、
塩漬けのようになってしまいます。
なお、キャベツはせん切りにすると
塩に負けてしまうので、細切りにします。

STOCK RECIPE

ゆでる

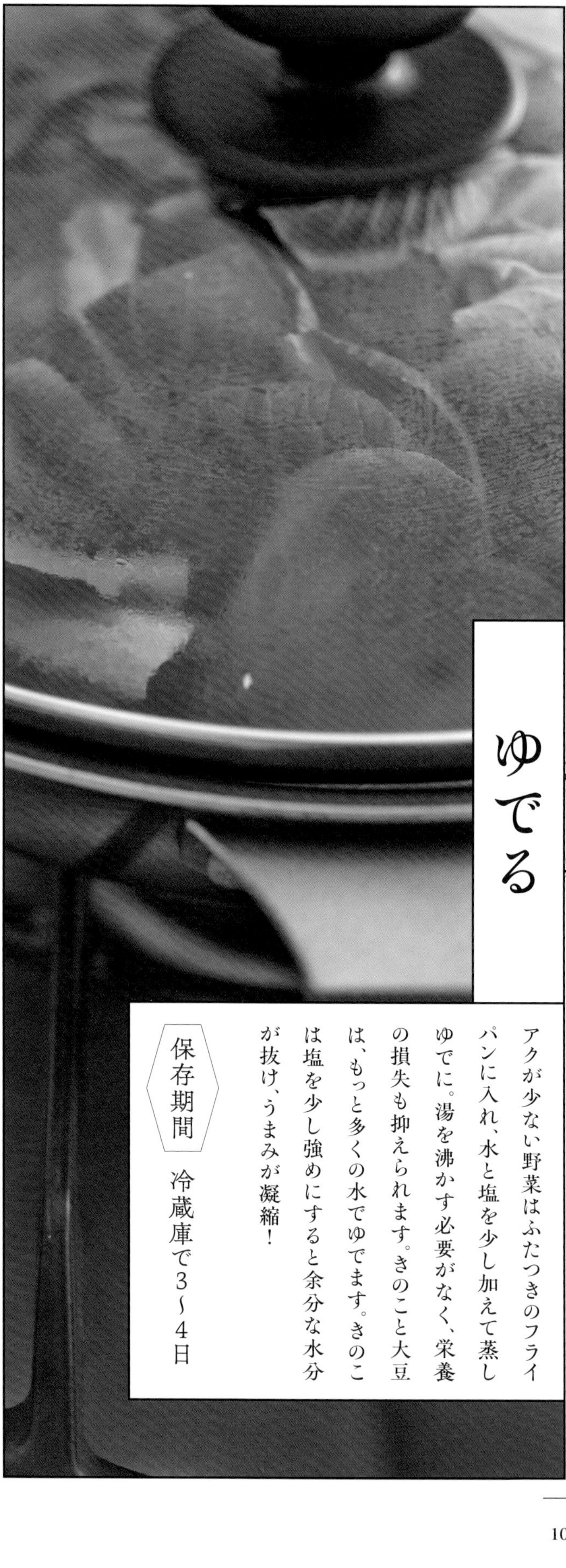

アクが少ない野菜はふたつきのフライパンに入れ、水と塩を少し加えて蒸しゆでに。湯を沸かす必要がなく、栄養の損失も抑えられます。きのこと大豆は、もっと多くの水でゆでます。きのこは塩を少し強めにすると余分な水分が抜け、うまみが凝縮!

保存期間

冷蔵庫で3〜4日

蒸しゆで小松菜

材料と作り方（作りやすい分量）

小松菜…2袋　→4cm長さに切る

A 水…大さじ2

塩…少々

1 フライパンに小松菜を平らに入れ、Aを全体にふり入れる。ふたをして中火にかけ、フツフツと沸騰してきたら、ふたを取って上下を返し、再びふたをして1〜2分蒸しゆでにする。

2 ざるにあげて水けをきり、冷めたら保存容器に入れて冷蔵保存。

アレンジ料理

→小松菜としめじの煮びたし（P11）

→ミックス野菜のナムル（P28）

→小松菜の梅だれかけ（P65）

→ほとんどの小松菜料理に使えます。

水と塩は回し入れるようにして全体にかけて。

途中で、火の通りを均一にするため、ふたをあけて上下を返すのがコツ。

蒸しゆでキャベツ

材料と作り方（作りやすい分量）

キャベツ…½個
→太い葉脈と葉に分け、
葉は4cm角に、葉脈は
食べやすい長さの薄切りにする

A 水…大さじ3
塩…小さじ½

1 フライパンにキャベツを平らに入れ、Aを全体にふり入れる。ふたをして強めの中火にかけ、フツフツと沸騰してきたら1分そのままにし、ふたを取って上下を返す。再びふたをして中火で1分蒸しゆでにする。

2 ざるにあげて水けをきり、冷めたら保存容器に入れて冷蔵保存。

アレンジ料理

→キャベツと大豆のごま酢あえ（P36）

→ほとんどのキャベツ料理に使えます。

蒸しゆでアスパラガス・いんげん

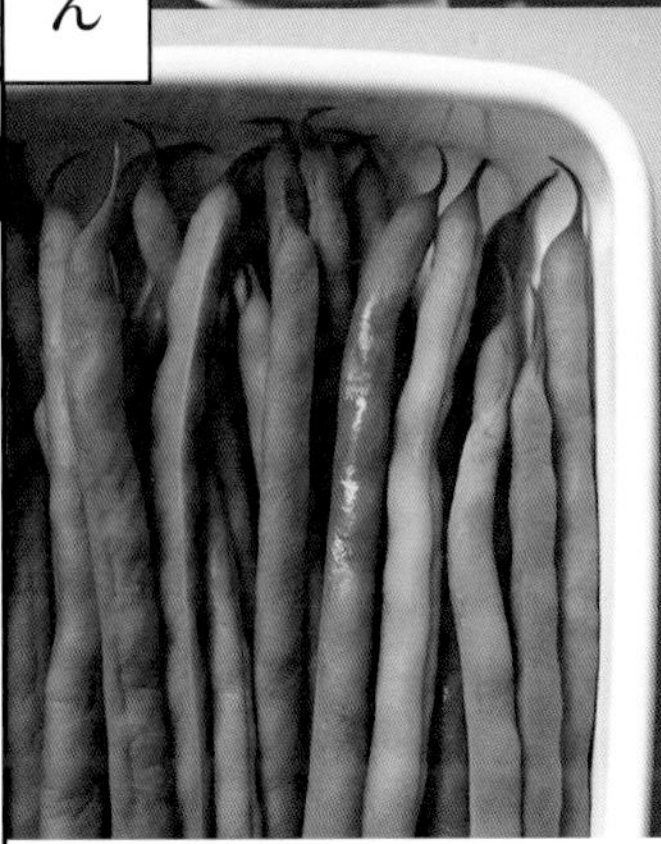

材料と作り方（作りやすい分量）

アスパラガス…200g
→ピーラーで下6～7cmの皮をむく

A 水…大さじ3
塩…少々

さやいんげん…200g

A 水…大さじ3
塩…少々

1 フライパンにアスパラガスまたはさやいんげんを入れ、Aを全体にふり入れる。ふたをして中火にかけ、3～4分蒸しゆでにする。

2 ざるにあげて水けをきり、冷めたら保存容器に入れて冷蔵保存。

アレンジ料理

→いんげんのソテー（P44）
→アスパラのザーサイだれかけ（P49）
→いんげんの黒ごまあえ（P53）
→蒸しゆでアスパラガス（P61）

→ほとんどのさやいんげん、または
アスパラガスの料理に使えます。

蒸しゆでブロッコリー

材料と作り方（作りやすい分量）

ブロッコリー…1個
→小房に分け、
水につけてふり洗いをする

A 水…大さじ3
塩…少々

1 フライパンにブロッコリーを平らに入れ、Aを全体にふり入れる。ふたをして強火にかける。フツフツと沸騰してきたら、ふたを取って上下を返し、再びふたをして中火で1～2分蒸しゆでにする。

2 ざるにあげて水けをきり、冷めたら保存容器に入れて冷蔵保存。

アレンジ料理

→ブロッコリーの酢みそがけ（P32）
→ブロッコリーのごまあえ（P40）

→ほとんどのブロッコリー料理に使えます。

ゆで大豆

たっぷりの水にひたして大豆を
もどします。暑いときは冷蔵庫で。
まん丸な大豆が楕円形に
変化するのが面白いです。

2-1

水と塩を加えて蒸しゆでに。

2-2

泡には抗酸化作用のある
サポニンという成分が含まれています。
取りすぎてはもったいない。

2-3

弱火にし、コトコトとしばらく蒸しゆでに。

でき上がり。コリコリッとした食感です。

材料と作り方（作りやすい分量）

大豆…300g
　→ざっと洗い、1.5ℓほどの水に
　6〜8時間ひたす

A 水…カップ1
　塩…小さじ½

1 大豆をざるにあげ、水けをきる。

2 鍋に1とAを入れ、ふたをして強火にかける。沸騰してきたら、泡をざっと取り除く。弱火にし、ふたをして30〜40分蒸しゆでにする。

3 冷めたら保存容器に入れ、冷蔵保存。

アレンジ料理

→きのこと大豆のおひたし（P24）
→キャベツと大豆のごま酢あえ（P36）
→ほうれん草と大豆の梅びたし（P81）

→すべての大豆料理に使えます。

ゆできのこ

材料と作り方（作りやすい分量）

しめじ…大1パック（200g）
　→小房に分ける
えのきだけ…1袋（100g）
　→長さを3等分に切る
しいたけ…6枚　→4等分に切る

A 水…カップ1½
　塩…小さじ2

1 鍋にAを入れて煮立て、えのきだけ、しいたけを入れてさっとゆで、きのこをすくってざるにあげる。残りの湯を煮立て、しめじを入れてさっとゆで、同じくざるにあげる（うまみを逃がさないように手早くゆでたいので、2回に分ける）。

2 冷めたら保存容器に合わせて入れ、冷蔵保存。

アレンジ料理

→きのこのみそ汁（P21）
→きのこと大豆のおひたし（P24）
→ミックス野菜のナムル（P28）
→きのこのソテー（P61）
→豆腐ハンバーグ
　きのこあんかけ（P64）
→きのこのナムル（P69）

→ほとんどのきのこ料理に使えます。

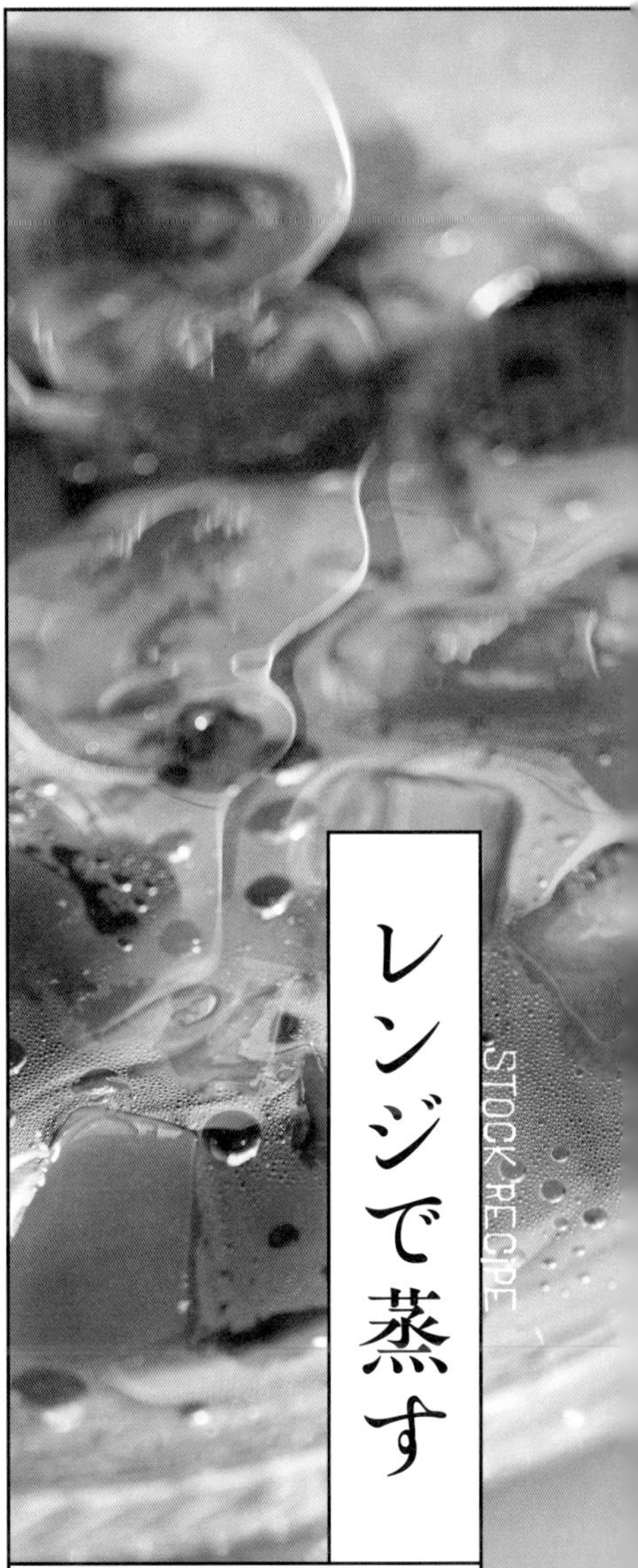

STOCK RECIPE

レンジで蒸す

かぼちゃも里いもも、ホクホク感を味わうためには、ゆでるよりもレンジ蒸しが向いています。短い時間で火が通り、手間もかかりません。うまみも栄養も逃げません。

保存期間

冷蔵庫で3～4日

レンジ蒸し里いも

材料と作り方（作りやすい分量）

里いも… 800g
　→よく洗い、縦に切り目を入れる
塩… 小さじ1

1 耐熱皿に里いもを入れ、塩をまぶす。ラップをふんわりとかけ、電子レンジ（600W）で16分加熱する。そのまま5分蒸らし、皮をむく。

2 冷めたら保存容器に入れ、冷蔵保存。

アレンジ料理

→里いものみそ汁（P33）
→たっぷり野菜の焼き豚汁（P80）

→煮っころがし、汁ものなど、ほとんどの里いも料理に使えます。

レンジ蒸しかぼちゃ

材料と作り方（作りやすい分量）

かぼちゃ… ¼個
　→かたくゴツゴツした部分の皮、種とわたを除き、2cm角に切って、水にくぐらせる
塩… 小さじ⅓

1 耐熱皿にかぼちゃを入れ、塩をまぶす。ラップをふんわりとかけ、電子レンジ（600W）で8分加熱する。そのまま3分蒸らす。

2 冷めたら保存容器に入れ、冷蔵保存。

アレンジ料理

→かぼちゃの甘辛煮（P48）
→パンプキンスープ（P61）
→かぼちゃのヨーグルトサラダ（P64）

→みそ汁の具、サラダなど、ほとんどのかぼちゃ料理に使えます。

STOCK RECIPE

漬ける

玉ねぎの辛み成分はビタミンB_1の吸収を促し、疲労回復効果もあるので酢漬けにしてもむだなく。ほうれん草はだしびたしにすると、水っぽくなりません。やたら漬けや納豆昆布漬けは、トッピング、ごはんの友にどうぞ。

保存期間

冷蔵庫で3〜4日

紫玉ねぎのビネガー漬け

材料と作り方（作りやすい分量）

紫玉ねぎ…1個　→みじん切り
白ワインビネガー…カップ½

1　保存容器に、紫玉ねぎ、白ワインビネガーを入れて混ぜ、冷蔵保存。

アレンジ料理

→ビーツのマリネ（P45）
→フレッシュサラダ（P76）
→ドレッシング、トッピング、薬味などに。

グリーン野菜だけのサラダも、
紫玉ねぎのビネガー漬けを散らすだけで
華やかになります。

やたら漬け

材料と作り方（作りやすい分量）

A きゅうり … 2本（100g）
なす … 2本（150g）
みょうが … 3本（60g）
→それぞれ粗みじん切り
ピーマン … 1個（40g）
青唐辛子 … 1本（5g）
→それぞれヘタと種を取り、みじん切り

塩 … 小さじ1（Aの重さの約1.5%）
野菜のみそ漬け（またはぬか漬けの古漬け）… 100g →みじん切り

1 Aと塩を混ぜて20分おき、野菜のみそ漬けを混ぜ合わせ、重石をしてひと晩おく。

2 保存容器に入れ、冷蔵保存。

アレンジ料理

→冷ややっこ やたら漬けのせ（P49）
→ごはんや麺類、納豆などに。

「やたら野菜を使う、やたら切る、
やたらおいしい」から、こう呼ばれるそう。
日本各地にある郷土料理ですが、
私のやり方は長野風。みそ味です。

納豆昆布漬け

材料と作り方（作りやすい分量）

オクラ … 15本
→ガクのまわりをくるりとむき、ゆでてそのまま冷まし、粗みじん切り
納豆昆布 … 10g
A 水 … 大さじ6
しょうゆ、みりん … 各小さじ2
削り節 … 1パック（2g）
桜えび … 10g

1 小鍋にAを入れて煮立て、保存容器に入れて冷ます。

2 1に納豆昆布を細かくほぐしながら加え、10分おく。オクラ、桜えびを加えてあえ、保存容器に入れて冷蔵保存。

アレンジ料理

→豆腐の納豆昆布漬けのせ（P53）
→ごはんの友や麺類、あえものなどに。

水でもどすと納豆のようにネバネバする
ところからこう呼ばれますが、納豆は
入っていません。がごめ昆布と真昆布を
ごく細切りにしたもので、
松前漬けなどに加えられます。

ほうれん草のだしびたし

材料と作り方（作りやすい分量）

ほうれん草 … 2袋（400g）
A だし汁 … カップ1½
塩 … 小さじ½
しょうゆ … 小さじ1

1 小鍋にAを入れ、ひと煮立ちさせて冷ます。

2 フライパンに水カップ1を強火で煮立て、ほうれん草を入れてふたをする。しんなりしてきたら、ふたを取って上下を返し、再びふたをして中火で1分蒸しゆでにする。水にとって冷まし、4cm長さに切って、水けをしっかり絞る。

3 ボウルに2と1の汁大さじ3を入れて混ぜ、5分おく。汁けを絞り、残りの1を加える。保存容器に入れ、冷蔵保存。

アレンジ料理

→にんじんとほうれん草のおひたし（P21）
→ほうれん草のめかぶあえ（P57）
→ほうれん草と大豆の梅びたし（P81）
→さっと煮、あえものなどに。

たれ

たれさえあれば、生野菜、焼く・ゆでるなどした肉や魚にかけるだけで一品になります。うちの食事は品数が多いですが、実はシンプル調理&たれの〝特快〟レシピが少なくありません。

保存期間　冷蔵庫で3〜4日

ヤンニョムだれ

材料と作り方（作りやすい分量）

しょうゆ … 大さじ4
砂糖 … 大さじ1
おろしにんにく … 大さじ½
長ねぎ … 5cm　→みじん切り
粉唐辛子（韓国産） … 大さじ½
ごま油、すり白ごま … 各大さじ1

1　ボウルに材料すべてを入れて混ぜ合わせ、保存容器に移して冷蔵保存。

アレンジ料理

→豚焼き肉 薬味野菜添え（P28）
→揚げた肉や魚、ゆでた肉や野菜、焼き魚などに。

ヨーグルトだれ

＊ヨーグルトの上にラップを敷き、重石をのせると10分ほどで半分の量になりますが、水けはゆっくりきったほうがおいしいです。出てきた半透明の液は「ホエー（乳清）」。まろやかな酸味があり、低脂肪・高たんぱくでカルシウムが豊富です。牛乳やジュースで割ったり、スープに使用しましょう。

酢みそだれ

材料と作り方（作りやすい分量）

白みそ … 大さじ4
酢、だし汁 … 各大さじ2
砂糖 … 大さじ1

1　ボウルに材料すべてを入れて混ぜ合わせ、保存容器に移して保存する。

アレンジ料理

→ブロッコリーの酢みそがけ（P32）
→長いもとミニトマトの酢みそがけ（P52）
→魚介の刺身、きゅうり、ゆでたアスパラガスやキャベツなどに。

梅だれ

材料と作り方（作りやすい分量）

梅干し … 5個（70g）
　→種を取り除き、包丁で梅肉をたたく
しょうゆ、みりん … 各小さじ½
だし汁（または水）… 大さじ2

1　ボウルに材料すべてを入れて混ぜ合わせ、保存容器に移して冷蔵保存。

アレンジ料理

→わかめの梅だれかけ（P37）
→小松菜の梅だれかけ（P65）
→長いも、ゆでたれんこん、ゆで鶏、豚しゃぶ、焼き魚などに。

ザーサイだれ

材料と作り方（作りやすい分量）

味つきザーサイ（あれば未発酵の緑色タイプ）… 30g　→みじん切り
小ねぎ … 30g　→小口切り
塩、砂糖 … 各小さじ⅕
太白ごま油（なければサラダ油）、酢 … 各大さじ1

1　ボウルに材料すべてを入れて混ぜ合わせ、保存容器に移して冷蔵保存。

アレンジ料理

→アスパラのザーサイだれかけ（P49）
→蒸し鶏、豚しゃぶ、野菜の炒めものなどに。

香味だれ

材料と作り方（作りやすい分量）

小ねぎ … 5本（40g）　→小口切り
にんにく、しょうが … 各1かけ
　→みじん切り
しょうゆ … 大さじ3
酢 … 大さじ1½
砂糖、ごま油 … 各大さじ½

1　ボウルに材料すべてを入れて混ぜ合わせ、保存容器に移して冷蔵保存。

アレンジ料理

→なすの香味だれかけ（P41）
→豆腐ステーキ 香味だれ（P68）
→冷ややっこ、鍋もの、焼いた肉や野菜などに。

ごまだれ

材料と作り方（作りやすい分量）

練り白ごま … 大さじ3
しょうゆ、酢 … 各大さじ1
砂糖、おろししょうが
　… 各小さじ1
おろしにんにく … 小さじ⅓

1　ボウルに材料すべてを入れて混ぜ合わせ、保存容器に移して冷蔵保存。

アレンジ料理

→バンバンジー（P89）
→しゃぶしゃぶ、うどんやそうめん、蒸しなすなどに。

材料と作り方（作りやすい分量）

プレーンヨーグルト … 600g
　→ボウル、ざる、ペーパータオルの順に重ねた中に入れ、半量になるまでひと晩水きりをする＊
A　おろしにんにく、塩 … 各小さじ½
　白ワインビネガー … 小さじ1

1　ボウルにAを混ぜ合わせて5分おき、ヨーグルトを加えて混ぜる。保存容器に移して冷蔵保存。

アレンジ料理

→かぼちゃのヨーグルトサラダ（P64）
→きゅうりのヨーグルトサラダ（P73）
→鶏肉のソテー、生野菜、ゆでたじゃがいもやさつまいもなどに。

もどし乾物

STOCK RECIPE

海藻や豆は積極的に摂りたいので、多めにもどします。以前、いんげん豆はゆでて保存していましたが、今はもどしっぱなし。そのほうが煮くずれず、豆の風味が楽しめます。

保存期間

冷蔵庫で3〜4日

もどしうずら豆

材料と作り方（作りやすい分量）

うずら豆（白いんげん豆の手亡《てぼう》、大福豆《おおふくまめ》、赤いんげん豆の金時豆など「いんげん豆」ならなんでもよい）…100g
→洗う

1　保存容器に入れ、水カップ3を注いで冷蔵庫にひと晩おく。

アレンジ料理

→豆と野菜のスープ（P76）

→甘煮、シチュー、（ゆでて）サラダなどに。

もどす前のうずら豆。
水でもどすと、約2.2倍に膨れます。
他のいんげん豆も同様です。

もどしきくらげ

材料と作り方（作りやすい分量）

乾燥きくらげ … 20g
→たっぷりの水に入れ
20分ほどもどし、もみ洗いをして
かたい石づきを取り除く

1　鍋に湯を沸かし、きくらげを1分ゆでる。ざるにあげて水けをしっかりきり、冷めたら保存容器に入れ、冷蔵保存。

アレンジ料理

→きくらげの塩麹汁（P53）
→炒めもの、あえもの、サラダ、マリネなどに。

もどす前のきくらげ。
約10倍に膨れます。
あえものやサラダにすぐに使えるように、
湯通しをしてから保存します。

もどしひじき

材料と作り方（作りやすい分量）

乾燥芽ひじき … 30g
→たっぷりの水に入れ、
20分ほどもどして洗う

1　鍋に湯を沸かしてひじきを入れ、中火で3～4分ゆでる。ざるにあげて水けをしっかりきり、冷めたら保存容器に入れ、冷蔵保存。

アレンジ料理

→ひじきの煮もの（P20）
→にんじんの白あえ（P33）
→きのこと海藻のみそ汁（P41）
→ひじき入り卵焼き（P81）
→サラダ、炒めもの、ごはんものなどに。

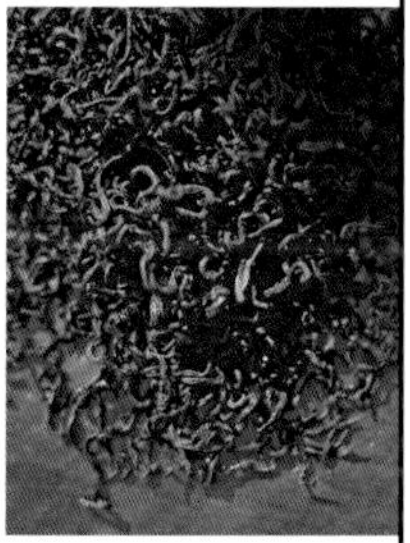

もどす前の芽ひじき。
水でもどすと、6～8倍に膨れます。
ひじきはもどした後、ゆでたほうがいいです。
アクやぬめりを取り除くことができます。

もどしわかめ

材料と作り方（作りやすい分量）

カットわかめ … 30g

1　たっぷりの水に5分ひたしてもどし、水けをきる。保存容器に入れ、冷蔵保存。

アレンジ料理

→わかめのみそ汁（P25）
→ミックス野菜のナムル（P28）
→わかめの梅だれかけ（P37）
→わかめと薬味野菜のみそ汁（P65）
→わかめがゆ（P88）
→酢のもの、サラダ、混ぜごはんなどに。

もどす前のわかめ。
水でもどすと10～12倍に膨れます。
塩蔵わかめの場合は、100gを用意し、
流水でもみ洗いをして、たっぷりの水に
5分ひたします（膨張率は1.5倍）。
しっかり水けを絞って3cm長さに切り、
保存容器へ。

生野菜ミックス

STOCK RECIPE

つけ合わせ、サンドイッチ、麺類、あえもの、汁ものなど、冷蔵庫にあると、便利このうえないストックです。水けがあると傷みやすいので、よく取ってから保存してください。

保存期間

冷蔵庫で3～4日

サラダ用葉野菜

材料と作り方（作りやすい分量）

サニーレタス…6枚
ルッコラ…1袋（50g）
クレソン…1束
パクチー（好みで）…1袋（30～50g）

1 たっぷりの水にすべての野菜をひたし、シャキッとしたらざるにあげて水けをしっかりきる。サニーレタス、ルッコラはひと口大にちぎる。クレソン、パクチーは葉を摘み、茎は2～3cm長さに切る（パクチーの茎が太くてかたいときは小口切りにする）。

2 保存容器に入れ、冷蔵保存。

アレンジ料理

→鶏のから揚げ たくさんの葉野菜添え（P20）
→グリーンハーブサラダ（P45）（P93）
→フレッシュサラダ（P76）
→つけ合わせ、サンドイッチなどに。

薬味野菜ミックス

材料と作り方（作りやすい分量）

長ねぎ…½本　→縦半分にして斜め薄切り
青じそ…20枚　→細切り
みょうが…3本　→縦半分にして斜め薄切り
貝割れ菜…1パック　→長さを3等分に切る

1 たっぷりの水にすべての野菜をひたし、シャキッとしたらざるにあげて水けをしっかりきる。

2 保存容器に入れ、冷蔵保存。

アレンジ料理

→豚焼き肉 薬味野菜添え（P28）
→薬味野菜の塩昆布あえ（P56）
→わかめと薬味野菜のみそ汁（P65）
→バンバンジー（P89）
→つけ合わせ、トッピング、麺類などに。

STOCK RECIPE

だし汁

使うかつお節は、料亭が使うような枯れ節ではなく、荒節を削った花かつお。色も香りも味も濃く出ます。煮干しのだしは、みそ汁、韓国料理の汁ものなどに使います。苦みや臭みが出ないように煮干しの頭とはらわたを取り、炒りつけて香りを立てます。昆布も加えると、よりうまみが濃くなります。

昆布とかつお節のだし汁

a

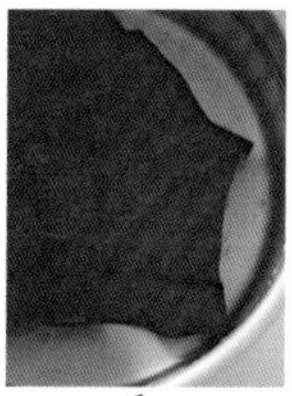

b

c

d

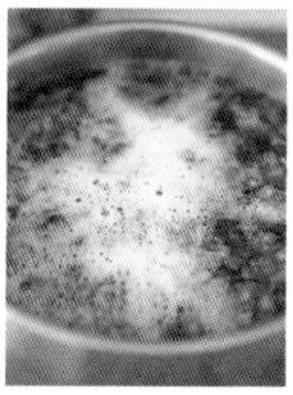

材料と作り方（作りやすい分量）

昆布 … 10㎝×5㎝角4枚（15g）
花かつお … 40g
水 … 1.5ℓ

1　鍋に、昆布、分量の水を入れて1時間以上おく〈a〉。
2　弱火にかけ、細かい泡が出てきたら昆布を取り出す〈b〉。中火にし、花かつおを入れて〈c〉、煮立ったらすぐに火を止める〈d〉。
3　こして、冷蔵保存。

煮干しのだし汁

材料と作り方（作りやすい分量）

煮干し … 50g
　→頭を取り、半分に裂いて、はらわたを取り除く
昆布 … 10㎝×5㎝角4枚（15g）
水 … 1.5ℓ

1　鍋に煮干しを入れ、中火で香りが立つまで炒る。分量の水、昆布を加え、煮立ったらアクを取る。弱火にし、10分煮る。
2　こして、冷蔵保存。

おろししょうがとおろしにんにくの保存の仕方

おろししょうが・にんにく

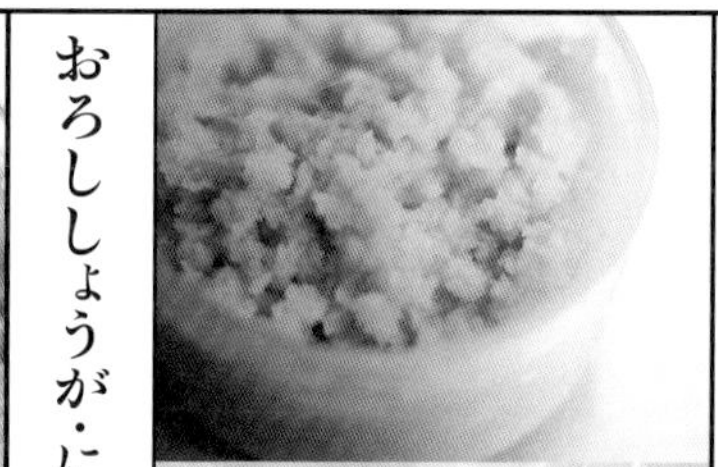

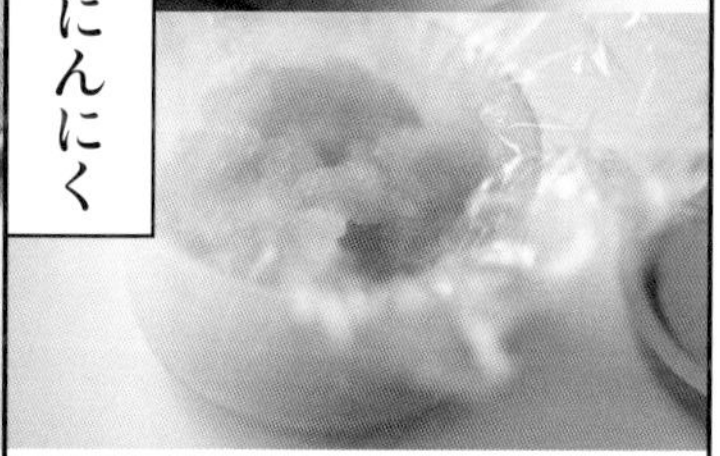

しょうが（上）は皮をむいてすりおろし、小さな保存容器に入れて冷蔵保存（期間4～5日）するか、冷凍保存（期間約1か月）しています。おろしにんにくは容器に臭いがつくので、ラップを敷いてから入れます。保存期間はしょうがと同様。

発酵しょうが

体温を上げて免疫力をつけようと、しょうがの摂取に励んでいたときに出会ったのが、発酵しょうがです。作り方は簡単。無農薬のしょうがをよく洗い、皮ごとすりおろして保存容器に目いっぱい入れるだけ。そのまま10日間冷蔵庫に入れて発酵させます。腐りにくく、1～2か月は保存できます。

藤井 恵（ふじいめぐみ）

料理研究家・管理栄養士。女子栄養大学在学中から料理番組のアシスタントを務める。出産後、専業主婦に。当時、節約のために毎日書き留めた料理ノートは、今も手元に残る。節約料理の雑誌掲載をきっかけに、再び料理の仕事に戻ることを決意。その日から四半世紀、料理研究家として第一線を走り続ける。再現性が高く、作りやすく、センスのよい料理という評価に加え、ここ数年は体によい料理が大評判。東京・長野・韓国を行き来し、現在もなお新しいレシピを開発中。『からだ整えおにぎりとみそ汁』（主婦と生活社）、『藤井弁当』（Gakken）など著書多数。

https://ameblo.jp/fujii-megumi/
Instagram　@fujii_megumi_1966
YouTube　藤井食堂

THE 藤井定食

2023年7月23日　第1刷発行
2024年3月19日　第7刷発行

STAFF
アートディレクション・デザイン / 天野美保子
撮影 / 木村 拓（東京料理写真）
スタイリング / 大畑純子
調理アシスタント / 西原佳江　泉澤友子　中星優花
校正 / 草樹社
企画・編集 / 遠田敬子

著者／藤井 恵
発行人／松井謙介
編集人／廣瀬有二
企画編集／広田美奈子
発行所／株式会社 ワン・パブリッシング
〒105-0003 東京都港区西新橋2-23-1
印刷所／大日本印刷株式会社
DTP／株式会社グレン
製本所／株式会社若林製本工場

●この本に関する各種お問い合わせ先
内容等のお問い合わせは、下記サイトのお問い合わせフォームよりお願いします。
https://one-publishing.co.jp/contact/

不良品（落丁、乱丁）については　Tel 0570-092555
業務センター　〒354-0045 埼玉県入間郡三芳町上富279-1

在庫・注文については書店専用受注センター　Tel 0570-000346

ワン・パブリッシングの書籍・雑誌についての
新刊情報・詳細情報は、下記をご覧ください。
https://one-publishing.co.jp/